Pia Pera

Die Früchte der Gelassenheit

Pia Pera

Die Früchte der Gelassenheit

Was ein Garten lehren kann

Aus dem Italienischen von Karin Krieger

sanssouci

Die italienische Originalausgabe erschien 2003 unter dem Titel »L'orto di un perdigiorno. Confessioni di un apprendista ortolano« bei Ponte alle Grazie srl, Mailand.
Die deutsche Ausgabe ist gegenüber der Originalausgabe an einigen Stellen gekürzt.

Für Tante Laura und Onkel Ugo

1 2 3 4 5 08 07 06 05 04

ISBN 3-7254-1335-5

Fotografien: Stella Schlehofer, Mannheim
Satz: Nina Engel, München
Druck und Bindung:
Memminger MedienCentrum AG, Memmingen
Printed in Germany

Inhalt

Be happy, precious five,
So long as I'm alive ... *
W. H. Auden

J'ai vécu sans nulle pensement
Me laissant aller doucement
À la bonne foi naturelle
Et je m'étonne fort pourquoi
La morte pense jamais à moi
Qui ne pensait jamais à elle.
Vincent Voiture

Dicker Mantel, warme Mütze,
große Filzpantoffeln, in dem kleinen Turm,
am niedrigen Fenster,
dicht neben der Mulde des Kohlenbeckens.
Der Körper in Ruhe, das Herz in Frieden
ohne die Pflicht, früh aufzustehen.
Wissen die Höflinge in der Hauptstadt des
Westens von diesen Dingen?
Po Chu-I

* Die Übersetzungen fremdsprachiger Zitate
finden sich auf Seite 202.

Der Anfang

Amarellen-Glück · Fukuoka · Auch ich · Kafka und die Rückkehr ins irdische Paradies · Das Guappero-Tal · Das Landgut · Ein mediterraner Garten · In der Schule · Nutzgarten und Ziergarten · Ein anspruchsvoller Lehrmeister · Vier Quadratmeter · Eine Handvoll Erde · Humus und Lehm · Die Grundregeln des »Nicht-Tuns« · Langsame Kehrtwendung · Unkraut · Der geviertelte Gemüsegarten · Luzerne · Gefährliche Gärtner alten Schlages · Versuchungen · Wie man hackt, ohne sich den Rücken zu ruinieren · Die Aussaat

In manchen Augenblicken ist das Glück einfach zu stark und überbordend, als daß man es fassen könnte. So auch jetzt beim Anblick der rubinroten Amarellen vor dem dunklen Blattgrün. Es ist eine Wonne, diese klaren Tupfen in glänzendem Rot zu betrachten. Mit Heißhunger reiße ich eine Kirsche nach der anderen vom Baum. Ungestüm. Der Kern bleibt am Stiel, in meiner Hand nur das Fruchtfleisch, an dem ich mich gütlich tun kann, ohne auch nur die Mühe des Ausspuckens zu haben. Weiß der Himmel, weshalb die Stare ausgerechnet die Amarellen verschonen. Alle anderen Kirschen ernten sie ab, bevor eine menschliche Hand sie erreichen kann. Nur diese hier, die saftigsten und besten, rühren sie nicht an. Amarellen findet man dort, wo Freunde Ferien machen. An ihrem Haus in Tereglio, im Valfegana, wächst ein Baum, der bis zum Balkon hinaufreicht. Man braucht nur den Arm auszustrecken, um an die Kirschen zu kommen, und muß nicht einmal aufstehen. Auch hier in Nozarego, bei Paraggi, ist es so. Im Haus schlafen noch alle. Ich habe ihnen von dem herrlichen Baum erzählt, von seinen saftigen Früchten, die zum Greifen nahe sind. Es herrscht eine silberhelle Stille mit vereinzeltem Vogelgezwitscher. Das Gras ist trocken, aber noch frisch, die Luft wie

ein Streicheln. Klares Rot vor samtigem Dunkelgrün. Klar rinnt auch der herbe, zuweilen beißende Saft durch meine Kehle. Ich pflücke Kirschen, mit beiden Händen, immerfort. Ich könnte ewig so weitermachen.
Es ist herrlich, bei anderen zu Gast zu sein, bei ihnen zu wohnen und keinen Finger rühren zu müssen. Wenn außerdem die Kirschen reif sind, bleibt nichts mehr zu wünschen übrig. Ich habe auf meinem Gut auch Kirschbäume gepflanzt. Sie reichen mir allerdings noch nicht einmal bis zum Knie. Zwar sind sie bald drei Jahre alt, doch anfangs entwikkeln sie sich nur langsam. Irgendwann setzt dann ein rasantes Wachstum ein, so daß man meinen könnte, die Bäume richteten sich ganz plötzlich zu ihrer vollen Größe auf. In ein paar Jahren wird mir das Amarellen-Glück auch zu Hause winken, doch es wird anders sein. Denn bei mir gibt es immer etwas zu tun, immer etwas, was mich ablenkt. Hier dagegen bin ich zu Besuch und habe keinerlei Pflichten, und wenn ich Kirschen nasche, dann nasche ich Kirschen, und sonst gar nichts.

Daß bei mir zu Hause immer so viel Arbeit anfällt, ist wirklich eine Schande. Denn als ich den Entschluß faßte, mich um das verlassene Gehöft zu kümmern, hatte ich eher die »Landwirtschaft des Nicht-Tuns« von Masanobu Fukuoka vor Augen, dieses gebrechlichen Japaners von der feucht-warmen Insel Shikoku. Ich hatte *Der große Weg hat kein Tor* gelesen, ein nahezu nutzloses Buch für jemanden, der in unserem Mittelmeerklima einen Garten anlegen will. Doch am Anfang war mir das nicht ganz klar. Ich war hellauf begeistert, als ich las, wie dieser gutaussehende Mann eines schönen Tages eine jener Erleuchtungen hatte, die wir für gewöhnlich als Zen bezeichnen: Es gebe überhaupt nichts auf dieser Welt, und er verstehe auch nichts. Schlagartig seien ihm sämtliche Konzepte, an die er sich geklammert hatte, als leere Erfindungen erschienen: »Mein Geist wurde hell und klar. Ich tanzte wild vor Freude. Ich konnte die kleinen Vögel in den Bäumen zwitschern hören und die fernen Wellen in der aufgehenden Sonne glitzern sehen. Die Blätter tanzten grün und funkelnd. Ich fühlte, dies war der wahre Himmel auf Erden. Alles, was mich besessen hatte, all die Seelenkämpfe, verschwanden wie Träume und Illusionen, und etwas, was man ›wahre Natur‹ nennen könnte, wurde offenbar.« Fukuoka gab seine Arbeit in der Stadt auf und ließ sich auf dem Bauernhof seiner Vorfahren nieder. In meiner italienischen Ausgabe eines seiner Bücher, *La fattoria biologica*, ist er auf einigen Photos zu sehen: Ein sonnengebräunter Greis mit runzliger Haut und einem leicht ergrauten Spitzbart am knochigen Kinn lächelt selig zwischen weißen und rosaroten Blütenwolken. Es ist ein strahlender Frühlingstag mit einem leuchtend blauen Himmel über Pflaumenbäumen, Pfirsichen und Kirschbäumen. Fukuoka ist mit dem fröhlichen Glitzern in seinen schmalen Augen einer jener geduldigen Weisen aus dem Fernen Osten, die nach jeder wie auch immer gearteten Katastrophe unverdrossen wieder ganz von vorn beginnen können und über die William Butler Yeats einmal schrieb: »Their eyes, their ancient glittering eyes are gay.«

Ja, das war es! Genauso wollte ich auch werden. Auch ich wollte meine Arbeit in der Stadt gegen den Gutshof meiner Familie eintauschen. Dort wollte ich das Paradies finden.

Das Paradies auf Erden, das irdische Paradies. Kafka hat irgendwo einmal geschrieben, daß man sich nicht fragen sollte, warum der Mensch das Paradies auf Erden verloren habe, sondern vielmehr, warum er nichts tue, um es wiederzuerlangen. Ihm, dem Prager Bürger, war womöglich entgangen, daß jeder, der aufs Land zieht, und jeder, der sich einen Garten wünscht, von ebendiesem Verlangen getrieben ist – er möchte in den Garten Eden zurück.

Was für ein Glück, daß ich wie Fukuoka ein Gehöft geerbt hatte, auf das ich ziehen konnte. Es liegt in der Toskana, an den Hängen des Monte Pisano und damit in einer Gegend, die sich geologisch deutlich vom übrigen Italien unterscheidet. Wie schon Rudolf Borchardt schrieb, gehört »die urgeschichtliche Insel der Pisaner Berge (…) nicht zur italienischen Landfeste, sondern ist, wie die heut noch ihr vorgelagerten Inseln, aus ältern und jüngern Schiefern und Marmorn aufgebaut.« Er meint die Inseln des Toskanischen Archipels, also La Gorgona und weiter in südlicher Richtung Capraia, Elba, Giglio und Montecristo. An den Westhängen der Monti Pisani fühlte sich Percy Bysshe Shelley einst wie in ein griechisches Licht getaucht. Dieses Stückchen italienisches Griechenland bildet mit einer Front des Monte Penna und den Hängen des Cotrozzi das Panorama vor meinem Haus. Uralte, vom Wetter gerundete Berge. Unten im Tal fließt der Guappero. Er markiert die Grenze zwischen Kalkböden und Kieselböden. Von meinem Haus aus betrachtet liegen die kieselhaltigen Felsen jenseits des Flusses. Es sind Felsen mit einem guten Langzeitgedächtnis, die die Spuren vergangener Erdzeitalter tragen. Dort findet man winzige Farne aus dem Paläozoikum, den Spitzwegerich und das Torfmoos, ein Andenken aus der Eiszeit von vor 13 000 Jahren. Auf den kieselhaltigen Hügeln wachsen vom Menschen angelegte Pinienwälder. Der ursprüngliche Wald bestand jedoch aus Flaumeichen, Zerreichen und wildwachsendem Lorbeer.

Von ganz anderer Art ist der geologische Nährboden und somit auch die Pflanzenwelt am Fuß des Monte Penna und der anderen Kalkberge, wo meine fünf Felder mit ihren Lehmböden liegen. Diese Berghänge sind trocken und bieten keine gute Wachstumsgrundlage, denn der naturgemäß zerklüftete Kalkstein speichert kein Wasser. Hier wachsen zahlreiche Orchideenarten, die sonst nur in sehr warmen Gebieten gedeihen. Ihre kleinen rosaroten Blüten erinnern an die von Schwertlilien. Außerdem findet man hier Zwergiris, wildwachsende Strohblumen, Stechwinden mit ihren duftenden Juli-Blüten, Mastixbäume, Erdbeerbäume, Weißdorn und Zypressen.

Ich lebe nun schon seit geraumer Zeit auf dem Landgut. Das Bauernhaus habe ich so umbauen lassen, daß mehr Wohnfläche entstanden ist. Aus dem Keller wurde ein großes Wohnzimmer, aus dem Speicher eine Küche, aus dem Heuboden mein Arbeitszimmer. Ich habe den alten Backofen repariert und heize ihn gelegentlich, wenn ich Pizza, Brot, Gemüsekuchen oder einen Braten zubereiten möchte. Das umliegende Land ließ damals kaum noch etwas von dem ursprünglichen Gut erkennen. Vor meiner Ankunft waren einige Felder verkauft, die Weinstöcke herausgerissen und der große Nußbaum gefällt worden. Daher war mein erster Impuls gewesen, sofort Bäume anzupflanzen, und zwar noch bevor ich mich hier endgültig niederließ. Bäume wachsen langsam, und ich wollte Zeit gewinnen. Vielleicht war das ein Fehler. Heute würde ich zwar auch Bäume pflanzen, doch vor allem Obstbäume. Offen gestanden kam ich mit recht verschwommenen Vorstellungen auf diesen Hof. Ich wollte ihn zwar unbedingt haben, konnte aber nicht sagen, wozu eigentlich. Es tat mir einfach in der Seele leid, ihn so verfallen zu sehen. Allerdings hatte ich nicht bedacht, daß das Haus und besonders das dazugehörige Land mein Leben vollkommen verändern würden. Nun waren sie es, die meine Entscheidungen bestimmten, nicht mehr ich selbst. Sie sollten mich Schritt für Schritt von meinem früheren Leben in der Stadt fortziehen.

Zunächst lähmte mich der Gedanke, daß ich keinen blassen Schimmer vom Gartenbau hatte. Ich wußte weder etwas über spezielle Gestaltungsmöglichkeiten noch über Anbaumethoden im allgemeinen. Jede Kleinigkeit mußte ich mir erst erfragen. Schon allein die Vorstellung, etwas eigenverantwortlich anzupflanzen, jagte mir Angst ein. Würde ich es auch richtig anfangen? Und an der richtigen Stelle? Selbst für Lappalien war ich auf fremde Hilfe angewiesen. Nur eines wußte ich genau: Ich wollte keinen Garten, der ständig bewässert werden mußte. Ich wollte einen, der mit wenig Gießwasser auskam. Also keinen englischen Rasen, dafür aber Stauden ringsherum, die man irgendwann sich selbst überlassen konnte: Lavendel, Wolfsmilch, Blauraute, Wollziest, Rosmarin, Salbei, Beifuß, Aschenkraut, Zistrose, wilden Baldrian und eine Reihe von Ziergräsern. Doch wie war das mit den Pflanzabständen auf dem unbedeckten Boden? Paul, ein Freund, kam mir zu Hilfe. Er verteilte die Pflanzen fachgerecht und erklärte mir, daß der Zierstreifen im ersten Jahr zwar recht kahl sein werde, daß sich die Lücken jedoch mit der Zeit schließen würden. In der Zwischenzeit hätte ich gewiß vollauf damit zu tun, das Unkraut zu jäten, das sich auf dem nackten Boden ausbreiten werde.

Heute kann ich es kaum fassen, daß ich noch vor wenigen Jahren dermaßen ahnungslos war, doch so war es wirklich. Meine einzige Gartenerfahrung beruhte damals auf den Blumentöpfen, die in der Stadt auf meinen Fensterbrettern und

Terrassen standen. Im Gegensatz dazu präsentierte sich das weite Land wie eine große Unbekannte. Man sollte sich ab und zu daran erinnern, daß es immer wieder Augenblicke gibt, in denen selbst die einfachsten Dinge gar nicht mehr einfach erscheinen.

Dieser erste Ziergarten war so etwas wie meine Grundschule. Er machte viel Mühe: Pflanzlöcher graben, Bäume und Sträucher einsetzen, jäten, wässern und gegebenenfalls Krankheiten bekämpfen. Nach der ersten Bepflanzung war es nicht mehr so anstrengend. Die Arbeiten beschränkten sich nun auf gelegentliche Eingriffe, zumal es mir nicht schwerfällt, auf eine perfekte Ordnung zu verzichten. Für mich sind besonders solche Gärten reizvoll, die mit einer gewissen Nonchalance gepflegt werden.

Ganz anders liegen die Dinge beim Nutzgarten. Er ist viel anspruchsvoller und setzt eine solide Kenntnis der Pflanzen und ihrer Bedürfnisse voraus. Arbeit und Engagement im Austausch gegen Nahrung und Energie. In den ersten Jahren hatte ich gar nicht erst versucht, mir einen Nutzgarten anzulegen, hatte ich doch voller Entsetzen die Warnungen des Maurers, des Klempners und des Tischlers im Ohr, die mir unentwegt eingeredet hatten: »Ein Gemüsegarten ist der reinste Tod für den Menschen.« Ich beschränkte mich vorsichtshalber darauf, auf ein paar buchsbaumgesäumten Beeten nur ein wenig Grünzeug anzubauen. Dieses bißchen Gemüse auf kleinstem Raum machte mir viel Freude. Der Ärger begann erst, als ich einen richtigen Garten haben wollte, der mich mit Nahrung für das ganze Jahr versorgte. Ich plante ihn als Ergänzung zu meinem Ziergarten. Zwei sich kreuzende Wege sollten ihn in vier Felder einteilen. Ich wollte jedes Jahr ein Gartenviertel bestellen und auf den restlichen dreien etwas für die Bodenverbesserung tun. Irgendwann hätte ich es geschafft, und es würde mir ein leichtes sein, auf dem dann fruchtbaren Boden Gemüse anzubauen. Das reinste Kinderspiel! Abends las ich in Fukuokas Büchern und begeisterte mich für die »Landwirtschaft des Nicht-Tuns«, einem segensreichen Zustand, den ich wohl erst nach etlichen Jahren unermüdlicher Bodenbearbeitung erreichen würde. Hatte Fukuoka nicht ganze vierzig Jahre gebraucht? Ich aber sah mich schon am Ziel meiner Träume: das graue Haar zu einem Knoten gebunden, das braungebrannte Gesicht durchfurcht von tiefen Falten und ringsumher phantastische Berge von Obst und Gemüse. Soweit meine Vision von einer strahlenden Zukunft. Die Gegenwart sah anders aus.

Manchmal fürchtete ich, mit meinem Gemüsegarten ganz und gar nicht zu Rande zu kommen. Doch anstatt einsichtig vor den Schwierigkeiten zu kapitulieren, akzeptierte ich nur, daß ich in diesem Garten schließlich meinen Meister gefunden hatte. Welche andere Aufgabe hatte sich jemals als so schwierig für mich erwiesen? Der Gemüsegarten war mein erstes Vorhaben, bei dem ich kein System fand, mit dem ich den anstehenden Problemen auch nur andeutungsweise hätte ausweichen können. Dieser Beigeschmack der Niederlage war mir neu. Nach vielen Jahren leichter und wahrscheinlich illusorischer Siege war ich nun auf eine Aufgabe und auf einen Lehrmeister gestoßen, die meine Charakterschwächen erbarmungslos ans Licht zerrten, mir aber gerade dadurch zeigten, wie ich diese Schwächen überwinden konnte.

Ich weiß nicht, was mich so unwiderstehlich zum Nutzgarten und zum Ziergarten zieht, oder besser gesagt, zum Nutz- und Ziergarten, denn für mich ist beides ein und dasselbe. Es begann lange bevor ich mich für Fukuoka begeisterte, diesen charismatischen Mann in seinem Stück irdischen Paradieses. Damals war ich noch ein kleines Mädchen, eingesperrt in eine Stadtwohnung, wo ich den sehnlichen Wunsch hegte, vier Quadratmeter Erde ganz für mich allein zu haben, um meine Pflanzen wachsen zu lassen und eine unantastbare Grenze zu ziehen. Bis eines Tages meine Familie samt Großeltern, Eltern, Onkeln und Tanten, also die ganze weitverzweigte Sippschaft, den Entschluß faßte, in ein großes Landhaus mitten in einem Wäldchen aus Steineichen und Linden zu ziehen, das von zwei Bauerngehöften flankiert war. Aus den vier Quadratmetern waren ebensoviele Hektar geworden. Irritiert von soviel Platz streifte ich zwischen den Bäumen umher und stattete jedem von ihnen einen Besuch ab. Damals kam es auch zu meiner ersten Begegnung mit dem Gemüsegarten, einer wenig erfreulichen, um ehrlich zu sein. Mein Vater hatte beschlossen, Gemüse anzubauen. Das hielt zwar nicht lange vor, doch immerhin beackerte er hinter dem Haus über Monate hinweg hartnäkkig ein Stück Land. Er zog ein ganzes Feld Kopfsalat, den wir niemals aufbrauchten. Einmal, noch vor unserem Umzug, begleitete ich ihn aufs Land und erlebte dort einen gründlichen Reinfall – der Grund war eine noch in Zellophan verpackte Zigarettenschachtel, die ich als gänzlich unbedarfte Raucherin von elf Jahren zwecks Diebstahls einfach aufriß. Die erste Zigarette ruinierte ich, indem ich sie am Filter anzündete. Ich mußte also noch eine zweite mitgehen lassen. Ich hatte mich zum Rauchen zwischen den Weinreben verkrochen. Schon nach wenigen Zügen hörte ich eine Donnerstimme wie die des Herrgotts im Garten Eden, als er den dort versteckten Adam rief. »Pia! Piiiiaaaa! Wo steckst du denn!« Ich war aufgeflogen. Der väterliche Schraubstockgriff, in dem mein Kopf dann feststeckte, ist mir noch in deutlicher Erinnerung. Nachdem mein Vater mich so ertappt hatte, sah er mir spöttisch in die Augen. »Du hast also Zigaretten geklaut! Du hast geraucht!« Leugnen war zwecklos. »Ich werde der Mama nichts davon sagen – allerdings nur unter der Bedingung, daß du mir sieben Jahre lang im Garten hilfst.« Das war die Abmachung. Ich willigte ein. Ich weiß gar nicht mehr, was ich dann eigentlich tun mußte. In der Rückschau sehe ich mich nur noch mit einer Sichel in der Hand. Als nächstes erinnere ich mich erst wieder an den Augenblick, da ich die Sklaverei satt hatte und rebellierte. Ich eröffnete meinem Vater, er könne mich getrost bei der Mama verpfeifen, es sei mir schnurzegal, ich wolle jedenfalls keinen Tag länger in diesem Garten arbeiten. So versiegte zunächst jegliches Interesse meinerseits am Landleben. Für viele Jahre. Dann stand eines der beiden Bauernhäuser leer. Das Dach wurde langsam undicht, an den Wänden zeigten sich dort, wo es durchgeregnet hatte, die ersten Risse, und auch die Felder verwahrlosten. Das Haus war in diesem Zustand zwar nicht besonders schön, doch der Gedanke, es verfallen zu lassen, behagte mir gar nicht. Ich begann mich darum zu kümmern, als könnte dies womöglich zu einem Ausweg aus dem Stadtleben werden. Nach und nach drängte dieses Gehöft alles andere in den Hintergrund. Die Beete waren wie eine große Leinwand für mich, wie ein Gemälde, das ich erst im Augenblick meines Todes vollenden würde. Ich hätte nicht sagen können, warum ich mir so unbeirrbar wünschte, diese Leinwand zu bemalen und dafür jede andere Beschäftigung sausen zu lassen, doch so standen die Dinge. Das Gehöft besaß eine Anziehungskraft, die ich nicht erklären konnte.

Als die Sanierungsarbeiten am Haus weitgehend abgeschlossen waren, begann ich mir Gedanken über den Boden zu machen. Ich bat meinen Freund Massimo, vorbeizukommen und mir einen Rat zu geben. Massimo hat für alles das richtige Händchen. Er war Friedensrichter, nachdem er aus Langeweile seine Anwaltskanzlei geschlossen hatte, und zog sich mit Giovanna in das abgelegene Dörfchen Tereglio im Valfegana zurück. Er hat einen Garten, eine Tischlerwerkstatt und einen Anrufbeantworter, der Reparaturaufträge für ihn entgegennimmt. Er erledigt Maler- und Maurerarbeiten, Möbelreparaturen und vieles andere. »Was soll denn das werden?« fragte er mich. »Na, der Garten«, antwortete ich und wies auf den Bauschutt und auf die Stellen auf dem geradezu glänzenden Boden, die am stärksten in Mitleidenschaft gezogen waren. »Da kommt ja ganz schön Arbeit auf dich zu.« Er nahm eine Handvoll Erde und drückte sie zusammen, um gleich darauf den Griff zu lockern. Die Erde blieb kompakt, doch nach einem Stups mit dem Finger zerkrümelte sie. »Das bedeutet, daß sie gut ist«, sagte er. »Sie hat Festigkeit, ist aber auch bröcklig. Würde sie nicht klumpen, wäre das ein Zeichen dafür, daß sie nährstoffarm, sandig und unfruchtbar ist. Wenn sie dagegen gar nicht zerfallen würde, nachdem man sie zusammengepreßt hat, würde das auf einen Lehmüberschuß hindeuten, darauf, daß sie zu fest ist und die Pflanzen nicht atmen läßt. Das wäre dann die Sorte Erde, die an den Schuhen kleben bleibt, wenn sie feucht ist. Doch wie es aussieht, hat der Boden das richtige Gleichgewicht. Er ist durchlässig, eine ausgewogene Mischung, fruchtbar und körnig. Aber bearbeiten mußt du ihn trotzdem. Dung. Kompost. Hühnermist. Und ein paar Säcke Torf, um ihn aufzulockern. Achte auf das Unkraut, es verrät viel über die Bodenqualität. Hasenampfer weist auf Kalzium hin, Schachtelhalm auf schlechten Wasserabfluß und Stauwasser.« Von den vielen neuen Begriffen schwindelte mir der Kopf, ganz zu schweigen von dem unbekannten Unkraut.

Am Anfang waren meine Beete mit Unkraut übersät, und wo kein Unkraut wuchs, war der Boden von Sonne und Wind ausgetrocknet und hart wie Zement. Von jener erstaunlichen, schwarzen Substanz namens Humus war kaum eine Spur zu sehen. Wie viele Jahre Arbeit mochten wohl nötig sein, um ihn aufzupäppeln, ihn feucht, fruchtbar und reich an Kompoststoffen zu machen? Wenn man einen Nutzgarten anlegen will, muß man als erstes die Bodenqualität verbessern. Die Erde auf meinem Gehöft ist lehmig und von rötlicher Farbe, ein typischer Boden für Weinstöcke. Aber sie ist fruchtbar. Im ersten Jahr baute ich aufs Geratewohl Fenchel an, dazu Radicchio, Rucola, Zwiebeln, Kartoffeln, rote Rüben und Artischocken. Das war noch kein Garten, der meinen heutigen Vorstellungen entspricht, doch immerhin blieben mir Enttäuschungen erspart. Die kamen erst, als mein Ehrgeiz wuchs.

Allein schon dadurch, daß ich für meinen Nutzgarten ein ganz bestimmtes Feld einplante, wich ich von der »Landwirtschaft des Nicht-Tuns« ab. Auf meinem Gut hatte es wenig Sinn, einfach so Gemüse auszusäen und dann darauf zu warten, rein zufällig auf dicke Rüben zu stoßen. Trotzdem wollte ich mich möglichst genau an Fukuokas Lehren mit den vier Grundregeln des natürlichen Anbaus halten, nämlich dem Verzicht auf Bodenbearbeitung, auf Jäten, auf Dünger und auf Pestizide. Ich werde nie vergessen, wie ich mich ein einziges Mal dazu hinreißen ließ, dreiphasigen Stickstoff-Phosphor-Kalium-Dünger zu verwenden, was dazu führte, daß die Ölbäume im darauffolgenden Jahr so stark wie nie zuvor von der Olivenfliege befallen wurden.

Gleichwohl war mir klar, daß ich trotzdem auch auf andere Mittel zurückgreifen mußte, so sehr mir meine ursprüngliche Inspiration auch am Herzen lag.

Fukuoka empfiehlt, überhaupt nicht umzugraben, und verweist auf die Indianer Nordamerikas. Diese ließen den Samen einfach in ein Loch fallen, das sie mit einem angespitzten Stock in den nie gepflügten, nie umgegrabenen Boden gebohrt hatten. Ich dagegen beschränkte mich nicht nur aufs Umgraben, sondern frevelte zunächst noch viel ärger, weil die Queckenbekämpfung in meinen Augen herkömmlichere Maßnahmen erforderte. Es galt, den Boden mit Traktor und Egge zu bearbeiten, die Büschel aufzusammeln und zu verbrennen und das nachwachsende Unkraut immer wieder zu jäten. Man kann keine abrupte Kehrtwendung vollführen, wie auch Fukuoka schreibt. Auf diese Weise praktiziere man keinen natürlichen Anbau, sondern bestenfalls Verwilderung. Um ein kleines Stück des verlorenen Paradieses wiederzuerschaffen, muß man zunächst das Tempo drosseln und dann behutsam den Kurs wechseln. In einer Natur, die bereits degeneriert ist, müssen wir fürs erste noch auf konventionelle Methoden zurückgreifen. Will man den durch Maschinen und Chemie entstandenen Schäden abhelfen, kann man zwar unverzüglich auf die Chemie verzichten, doch nicht sofort ohne Traktor auskommen. Fukuokas Methode besteht darin, sich zu fragen: »Was ist, wenn ich es nicht tue?« Doch der Verzicht auf dieses Tun kann nur langsam und Schritt für Schritt erfolgen.

Bevor ich das Feld in vier erhöhte Beete unterteilte, bestellte ich also einen Traktor mit Egge, deren lange Stahlzinken den Boden aufreißen sollten, damit ich die dicken Queckenbüschel entfernen konnte. Ich trug sie zu einem Haufen zusammen und zündete ihn an. Ich gestehe, daß ich anfangs eine Schwäche für die Quecken hatte. Sie haben wunderschöne, helle Wurzeln, knorrig und stark, weiß schimmernd wie Elfenbein und segmentiert wie blasse Krustentiere. Ich verbrachte endlos viele Tage damit, nach diesen Büscheln zu suchen. Ich schüttelte sie, bevor ich sie auf den Haufen warf, damit nicht auch die Erdklümpchen an ihren Wurzeln verbrannt wurden. Nachdem ich die Pflanzen, die mit bloßem Auge zu finden waren, herausgerissen hatte, griff ich zur Heugabel, um den Boden zu durchstöbern. Quecken breiten sich mit langen Wurzelausläufern aus, die mich an Taue zur Befestigung eines Brückenkopfes auf feindlichem Gebiet erinnern. Diese langen, unternehmungslustigen Wurzeln sind unglaublich heimtückisch. Wehe, man bricht sie ab! Ein kleiner Rest genügt, und das putzmuntere Unkraut breitet sich mit frischem Tatendrang erneut aus. Natürlich gab es auch Stimmen, die mir zu Herbiziden rieten, einer Methode, die meinen Plänen komplett zuwiderlief. Sie hätte den Regenwürmern und Mikroorganismen geschadet, die die Fruchtbarkeit meines Bodens gewährleisten. Da waren mechanische Verfahren schon besser, selbst wenn es Jahre dauern sollte.

Nachdem ein Großteil des Unkrauts beseitigt war, ohne daß ich mich deshalb schon der Illusion hingab, auch jeden seiner fernen Ableger ausgerottet zu haben, rief ich Fabio an, damit er das Feld in vier gleiche Teile aufteilte und die Seitenwände der vier Beete, die etwas höher als die Wege lagen, mit Pflöcken befestigte. Fabio ist der Maurer, der mein Haus ausgebaut hat, und außerdem »ein letzter Renaissance-Mensch«, wie Ingrid ihn nennt, die mich mit ihm bekannt gemacht hat. Egal, welche Arbeit man ihm aufträgt, er wird sie immer fachgerecht ausführen, und selbst wenn sie neu für ihn ist, wird er sich sofort damit auskennen. Sogar mit seinem Äußeren paßt er gut in eine altertümliche Werkstatt: schwarzer Bart, eine Toscano-Zigarre zwischen den Lippen und große dunkle Augen, die wie auf manchen Ikonen schrägstehen. Wie es sich für einen Menschen aus alter Zeit gehört, ist er nicht besonders groß, dafür aber außergewöhnlich kräftig und behende. Er brauchte nicht einmal einen halben Tag, um die Pflöcke zuzuschneiden, sich zu vergewissern, daß die Ränder der Beete gerade verliefen, und sie zu befestigen. Danach kam ein Lastwagen und füllte sie mit aufgeschütteter Erde an. Ich war mir des Risikos durchaus bewußt: Zusammen mit der Erde konnten die verschiedensten Samen und Wurzeln gekommen sein. Sie war ziemlich grau, ganz anders als mein Boden. Sie gefiel mir nicht besonders, wirkte nährstoffarm und zerfiel in harte Klumpen. Im Frühjahr, als ich das viele Unkraut sah, ahnte ich dann, woher sie stammte. Und diese Erde hatte noch einen weiteren Nachteil. Sie war voller Steine. Aber ich war ja selbst schuld. Weiß der Himmel, weshalb ich sie bestellt hatte, ohne sie mir vorher anzuschauen! Als wären alle Böden gleich, als ginge es hier um totes Material! Dabei ist Erde etwas Quicklebendiges. In ihr wohnen die verschiedensten Mikroorganismen, sie wird von Maulwürfen, Regenwürmern und Ameisen durchpflügt und tritt durch die in ihr enthaltenen Spurenelemente und Substanzen mit allem in Wechselbeziehung, was mit ihr in Berührung kommt. Bauern unterziehen ihren Boden einer pH-Wert-Analyse, um seine Zusammensetzung zu erfahren. Mir dagegen schien es zur Feststellung seiner Beschaffenheit ausreichend zu sein, zu beobachten, was auf ihm wächst und was nicht, seine Farbe zu kontrollieren und einige Krumen in der Faust zusammenzudrücken, um seine Konsistenz zu prüfen. Es genügte mir, zu wissen, daß er eine schöne Rotfärbung hat, daß er lehmhaltig und nicht sauer ist, doch auch nicht so basisch, daß er das üppige Wachstum der Kamelien verhinderte, die nur gedeihen, wenn man sie in mit saurem Boden aufgefüllte Löcher setzt und sie als Reserve für die nächsten Jahre noch etwas mit dieser Erde anhäufelt. Mein Boden hatte wirklich nicht das geringste mit der aufgeschütteten Lastwagenerde gemein, deren Farbton gefährlich an Zementgrau erinnerte. Sie war feinkörnig, bildete daher feste Klumpen und schien nicht besonders fruchtbar zu sein. Inzwischen ist sie es. Das erste meiner vier Gemüsefelder sollte als Test dienen. Zumal ich vergessen hatte, rechtzeitig Dung zu bestellen. Ich begnügte mich damit, auf den bereits verteilten grauen Boden ein paar Säcke Trockenmist zu streuen.

Soviel zu dem Stück Land, das als erstes Gemüsefeld vorgesehen war. Auf den anderen dreien baute ich kein Gemüse an, sondern versuchte lediglich, den Boden zu verbessern. Dazu wollte ich Saatluzerne verwenden, die mit ihren langen Wurzeln tief in der Erde Stickstoff binden kann und den Boden in den Brachezeiten zudem bedeckt hält. So säte und wässerte ich im Frühling, bis zu meiner großen Freude die ersten Blättchen sprossen. Mit der Luzerne war es mir nun zwar gelungen, den Boden zu bedecken und ihn bis in die Tiefe fruchtbar zu machen, doch leider hatte ich mir nicht die günstigste Staudenart für diese Gründüngung ausgesucht, bei der man die Pflanzen für gewöhnlich einfach unterpflügt. Die Wurzeln der Luzerne waren so tief in die Erde gedrungen, daß ich nicht wußte, wie ich sie wieder loswerden sollte. Ich hätte besser daran getan, Hülsenfrüchte mit flacheren Wurzeln zu verwenden, vielleicht eine Saatgutmischung aus Klee, Hafer, Wicken, Futtererbsen und Weißem Senf.

Meine Gründüngung mit Luzerne war noch aus einem anderen Grund ein verheerender Reinfall. Es gibt da einen Gärtner vom sogenannten alten Schlag, der partout nichts von alternativen Anbaumethoden hören wollte. Solche Gärtner sind ganz versessen darauf, Kunstdünger zu streuen, den Boden mit dem Traktor umzupflügen und die Mahd fortzuschaffen, statt sie unterzugraben. Auch mit dem Kompost stehen sie auf Kriegsfuß. Folglich ist die Zusammenarbeit mit ihnen ein harter Kampf, wenn man sich nicht von seinem Weg abbringen lassen will. Nehmen wir nur einmal Giancarlo: Er ist sympathisch und überaus fleißig. Wollte ich ihm die ganze Arbeit überlassen, hätte ich ein Leben wie im Schlaraffenland. Ich würde blumenpflückend durch den Garten wandeln und müßte mich um nichts kümmern. Nur habe ich mir eben in den Kopf gesetzt, den Hof nach meiner Fasson zu gestalten. So kommt es öfters zum Streit. Mir ist rätselhaft, daß er eine naive Großstadtpflanze wie mich überhaupt ertragen kann, die ihm zu allem Überfluß auch noch erklärt, wie man den Boden richtig bearbeitet – ausgerechnet ihm mit seinem so typischen Bauerngesicht. Mein erster Versuch mit der Gründüngung verlief also folgendermaßen: Ich hatte Giancarlo gebeten, die Luzerne vor der Blüte zu mähen, damit sie den Stickstoff nicht erst für die Samenproduktion verbraucht. Das war genau der richtige Zeitpunkt, um das frisch gemähte, saftige Kraut unterzugraben, das den Boden auflockern und ihm Feuchtigkeit spenden sollte, so daß er weich und durchlässig wurde. Aus irgendeiner Blindheit oder Zerstreutheit, doch vielleicht auch nur entnervt von Giancarlos ewigem Gemecker, ließ ich es dann aber zu, daß er die Mahd wegkarrte und nur die Wurzeln unterpflügte.

So blieben meine drei Luzerne-Felder in den Sommermonaten der prallen Sonne ausgesetzt und boten einen grobstachligen, vertrockneten Anblick. Der Boden sah nicht besser aus als zuvor. Er war immer noch so hell, als hätte ich die Lehren meines fernen Meisters Fukuoka von der Insel Shikoku wortwörtlich angewandt. Ja, schlimmer noch: Als ich so vor meinen kümmerlichen Gemüsebeeten stand, an denen das einzig Erfreuliche die harmonische Einbettung in den umliegenden Garten war, packte mich zunächst die Versuchung, zur Motorhacke zu greifen.
Eines war wohl klar: In dem Zustand, in dem sich mein Gemüsegarten befand, brauchte ich nicht darauf zu hoffen, ihn gleich so bestellen zu können, wie ich es wollte. Doch wenn ich den Boden schon zerkleinern mußte, konnte ich dies ebensogut mit einer herkömmlichen Hacke tun. Diese Arbeit lag mir überhaupt nicht, vom Umgraben ganz zu schweigen. Doch ich wußte aus Erfahrung, daß die meisten Gartenarbeiten trotz allem nicht so entsetzlich sind, wie es scheint, bevor man sie ausprobiert hat. Dies hatte ich bereits beim Besprühen meiner Weinstöcke erfahren. Das war am Anfang sehr anstrengend gewesen. Zuviel Neues stürmte auf mich ein und mußte gelernt werden. Doch nach einer Weile brauchte ich nicht länger als eine Stunde für die beiden Reihen, und das nur alle vierzehn Tage und nur wenige Monate im Jahr. Ich hatte das Besprühen gewissermaßen »verinnerlicht«, es mir zu eigen gemacht. So war es mit jeder neuen Gartenarbeit. Mit dem Mähen des Grases, dem Baumschnitt, dem Düngen. Nach einer Phase der Eingewöhnung war keine dieser Arbeiten mehr zu schwer für mich. Sie bekamen einen eigenen Rhythmus und wurden beinahe zu einem Reflex. Jetzt mußte ich also wieder etwas Neues lernen: das Hacken. Doch was, wenn ich Rückenschmerzen bekam? Die lassen sich verhindern, indem man

wie beim Skifahren in die Knie geht. So vermeidet man, daß jeder Hieb mit der Hacke nicht nur die Erde, sondern auch die Wirbelsäule trifft. Anschließend wollte ich harken – eine weniger anstrengende Arbeit – und säen, so daß ich nur noch gießen mußte, um die Saat aufgehen zu lassen. Das Hacken würde zwar im ersten Jahr recht mühsam sein, doch bereits im zweiten würde es leichter gehen, und eines Tages hätte ich mein Ziel erreicht: einen humusreichen Kompostboden, auf dem jede Anpflanzung eine Kleinigkeit wäre, und statt mit der Hacke würde ich die Erde dann nur noch mit der Mistgabel auflockern müssen.

Das Hacken erwies sich als nicht so entsetzlich wie befürchtet. Schließlich hatte ich ja nicht vor, die Früchte meiner Arbeit zu verkaufen. Ich brauchte sie lediglich für den Eigenbedarf. Eines Abends im August, als die Sonne bereits untergegangen war, griff ich also zur Hacke. In zwanzig Minuten arbeitete ich mich durch ein Beet, das einen Meter breit und acht Meter lang war. Ich schwitzte und war auch etwas schlapp, hatte jedoch keine Schmerzen im Rücken. Doch bevor ich mir diesen womöglich ruinierte, hörte ich lieber auf und nahm eine heiße Dusche. Mein Körper ist die einzige »Maschine«, die ich habe. Ich durfte ihn nicht überlasten. Tags darauf begann ich gleich frühmorgens wieder mit der Arbeit, diesmal etwas länger, etwa vierzig Minuten. Es war nicht anstrengender als damals, vor vielen Jahren, an den Geräten im Fitness-Studio, und es war nicht so langweilig, denn die Mühe hatte ein Ziel. Ich brauchte drei Tage, um den ganzen Garten gemütlich durchzuhacken. Bei den örtlichen Saatguthändlern fand ich keinen Gelben Senf, nur Raps- und Kohlrübensamen, die ich mischte. Ich harkte den Boden glatt und verteilte den Samen Anfang September bei zunehmendem Mond möglichst breitwürfig auf dem Boden, wobei ich versuchte, meine Bewegungen gut auszutarieren und meine Armmuskeln locker zu lassen. Ich war noch lange keine gute Säerin und kannte auch den Trick noch nicht, Sand unter den Samen zu mischen, damit er gleichmäßiger verteilt wird. Zudem hatte ich schlecht kalkuliert. Das Saatgut für die drei Felder reichte bei mir nur für eines, ich mußte welches nachkaufen. Doch nach einer Woche sah ich die ersten Halme sprießen: Raps und Kohlrüben durcheinander, allerdings auch Luzerne, deren lange Wurzeln meiner ungeschickten Hackerei entgangen waren. Der Anfang war gemacht.

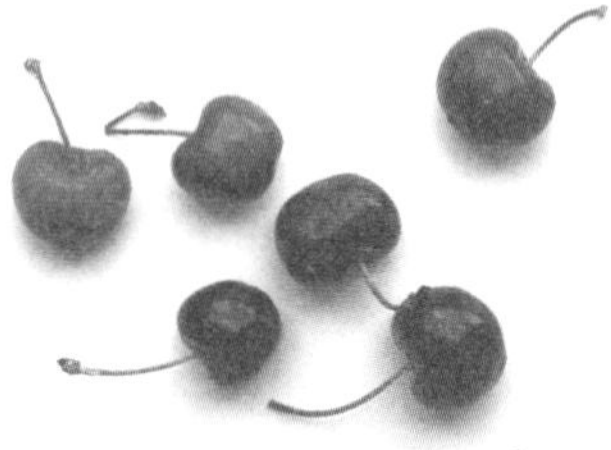

Herbst

Blumenzwiebeln · *Der geheime Garten* · Nutzgarten und Sündenfall · Feigen · Herbstblüte · Wasser · Iris · Der Regen von der Hängematte aus · Angelo · Flaubert und das Nichtstun · Sturmnacht · Das Bleichen der Kardonen · In Tereglio · Mein Lehrmeister vernachlässigt mich · Alte Obstsorten · Quincunx · Mein Hund Nino · Der Mann mit dem Spaten · 57 Löcher · Nach Größe sortiert · Die Strohdecke auf den Löchern · Ich stelle mich auf den Winter ein

Ich habe einen ganzen Korb voller Blumenzwiebeln. Ich sah sie auf einem Markt in der Nähe von Florenz und griff gierig zu, beseelt von dem Wunsch, das Grün der Beete mit bunten Tupfen zu schmücken. Nun hocke ich unter dem Aprikosenbaum, bohre mit dem Pflanzholz Löcher in den Boden, drücke kleine Wildtulpen-Zwiebeln hinein, die fest und glatt sind, bedecke sie mit Erde und drücke sie mit der Handfläche fest. Es sind *Tulipa aucheriana*, pastellrosa mit gelblich-braunem Herzen, die dem kräftigen Violett des Pflaumenbaums zuvorkommen werden, und *Tulipa tarda*, die ich auf dem Feld verteile, das für die Obstbäumchen vorgesehen ist. Im März werden ihre Stengel mit den weißen oder cremefarbenen Blütenpaaren im jungen Frühlingsgras leuchten. Die Sonne sendet schon schräge Strahlen, der Korb wird nicht mehr rechtzeitig leer. Ich lasse ihn auf dem Tisch unter dem Vordach stehen. Ein leichter Apfelsinenduft liegt in der Luft. Die Blüten der Orangenblume beginnen gerade erst, sich zu schließen, mattweiße Zungen um dichte Büschel aus goldenen Staubblättern. Ich stecke Zwiebeln in die Erde, vergrabe sie wie einen Schatz, ohne die Stelle zu markieren. Wenn sie nicht blühen, habe ich sie für immer verloren. Ich lasse sie an einem Ort zurück, an dem ich sie nicht wiederfinden kann. Das ist die Vorbereitung einer Überraschung.

Meine Vorliebe für Blumenzwiebeln rührt von einem Buch her, das ich als kleines Mädchen wieder und wieder gelesen hatte: *Der geheime Garten.* Daraus erfuhr ich überhaupt erst, daß es Blumenzwiebeln gibt, diese kleinen Gebilde, die verborgen in der Erde ruhen, bis sie schließlich aufblühen. Jahrelang hatte ich das Buch in zwar nur mehr verschwommener, doch beharrlicher Erinnerung. Ich wußte weder, wo es abgeblieben war, noch wer es geschrieben hatte. Völlig fasziniert von dem rätselhaften Titel, hatte ich vermutlich gar nicht auf den Autor geachtet. Bis ich eines schönen Tages in der »New York Review of Books« auf einen Artikel über die Schriftstellerin Frances Hodgson Burnett stieß und so wieder auf das Buch kam. Ich bestellte es in der Originalsprache, suchte dann nach meiner Ausgabe und fand sie auch, ein zerfleddertes, mit vergilbtem Klebeband zusammengehaltenes Buch, das schon ziemlich aus dem Leim gegangen war. Auf dem zitronengelben Umschlag ist ein kleiner Junge zusammen mit einem Fuchs und mit einer Amsel auf der Schulter zu sehen, der sich zu ein paar kleinen Hasen hinunterbeugt und mit ihnen spricht. Ich entdeckte nun die ganze Armut meiner Ausgabe, in der das Original um mehr als die Hälfte gekürzt war. Aus: »They're bulbs. Lots o' spring flowers grow from 'em. Th' very little ones are snowdrops an' crocuses an' th' big ones narcissusis an' jonquils an' daffydowndillys. Th' biggest of all is lilies an' purple flags. Eh! They are nice«, war geworden: »Gewiß! Das sind Pflanzenzwiebeln. Aus ihnen wachsen schöne Blumen.« Damals hatte mir das genügt, zumal ich nur wenige Zeilen weiter lesen konnte, daß »diese kleinen Zwiebeln sich selbst zu helfen wissen, in der Erde ein reges Leben führen und jedes Jahr neue Zwiebeln hervorbringen. Im Wald gibt es eine Lichtung, die mit Schneeglöckchen übersät ist, und niemand weiß, wer das erste gesteckt hat.« Nichts lag damals näher, als daß ich mich mit Mary Lennox identifizierte, dem kleinen, einsamen Mädchen, das nach dem Tod seiner Eltern in die Obhut fremder Leute gegeben wurde, diesem verwöhnten, widerspenstigen, überheblichen und egoistischen Kind. Ich träumte davon, ebenso wie dieses Mädchen durch die Freundschaft zu einem Rotkehlchen und zu einem Jungen, der mit dem Wald und seinen Geschöpfen verwachsen war, ein neuer Mensch zu werden. Solange Mary Lennox den abgeschlossenen Garten nicht für sich eroberte, war sie vom Leben ausgeschlossen wie eine Blumenzwiebel, bevor sie in die Erde kommt.

Feigen fallen dumpf von den obersten Ästen. Blätter fallen. Der erste leichte Herbstregen. Danach wird der Himmel klar und indigoblau sein. Die Farben der Landschaft saugen die Feuchtigkeit auf wie Temperafarben. Die Erde zieht einen ganzen Nachmittag lang Wasser, sie weicht auf. Felipe, das Augustkätzchen, streckt aus der Loggia neugierig eine Pfote nach den trommelnden Tropfen in der Pfütze aus. Dann zieht es sie zurück und schüttelt die Nässe ab. Nur ein paar reife Pflaumen sind jetzt noch zu finden. Schon seit einigen Tagen frühstücke ich unter dem Pflaumenbaum und lese die taufrischen Früchte vom Boden auf. Nachmittags schmoren sie in der Sonne, saftig und zuckersüß. Die Pflaumen von den unteren Zweigen habe ich alle schon gegessen. Ich hole die Leiter, nehme einen Korb und ernte die Früchte, die noch an den obersten Zweigen hängen. In dieser kühler werdenden Zeit gibt es nicht viel zu tun. Man kann Atem schöpfen und aufräumen, die Ranken der Rose, die lang und dornig herabhängen, an der Hauswand befestigen oder die Triebe des Jasmins und die nach Citrus duftenden Zweige der Zitronenverbene abstützen. Das Gras ist vom Regen klitschnaß, und endlich kann ich die Hosen in die Gummistiefel stecken, die Gartenschere an meinen Gürtel hängen und einen Kontrollgang durch die Beete machen. Hier ein toter Ast, der abgeschnitten werden muß, dort eine struppige Wucherung voller Larven, die man entfernen sollte. Die kühle Luft des frühen Morgens reizt zu neuen Plänen. Die feuchte Erde lädt zu frischen Anpflanzungen ein und verlangt geradezu danach, daß man zum Spaten greift und neue Pflanzlöcher gräbt. Es ist die Zeit der kleinen weißen Blüten, die fast nicht zu sehen sind. Man findet sie mit ihrem süßen Aroma an der Duftblüte, doch auch an der Zitronenverbene mit ihren luftigen Dolden. Der Regen hat der jungen kanadischen Balsampappel gutgetan. Die Hälfte ihrer dürregeschädigten Blätter besteht nur noch aus dem Skelett ihrer Äderung. Auf einem noch unversehrten Blatt verengt ein bratenbrauner Grashüpfer seine leuchtend blauen Augen zu schmalen Schlitzen. Eine Eidechse sitzt wie ein blankpoliertes, kastanienbraunes Komma an einem Pfosten. Die kleinen Tiere haben ihre Farben dem Herbst angepaßt. Auf einer Heckenrose fährt ein Windhauch sanft in ein Spinnennetz voller Essigfliegen. Es schimmert silbrig wie der Spitzenschleier einer spanischen Edeldame. Alles hat seine Perfektion und eine durchscheinende Absicht. Doch wo Schönheit allein nicht ausreicht und man Früchte ernten will, im Gemüsegarten nämlich, läßt sich der ästhetische Genuß nicht von der Notwendigkeit trennen, etwas anzubauen, was man auf den Tisch bringen kann. Das Glück, das ich empfinde, wenn ich ziellos über das Gehöft streife, zerbröckelt in meinem Gemüsegarten sogleich wieder. Er könnte eine ganz eigene Schönheit haben, wenn man ihn nicht mit Augen betrachtete, die durch zweckgerichtetes

Denken verdorben sind. Ich aber taxiere ihn mit kritischem Blick und habe einen Plan im Kopf, der sich nicht so schnell verwirklichen läßt. Ein Ziergarten ist ein Ort der Kontemplation, des Spiels, des zwanglosen Ausprobierens. Er hat keinen anderen Zweck als Vergnügen und Freude um ihrer selbst willen. In diesem Sinne ist er ein Paradies, ein Garten Eden, ein Ort der Unbeschwertheit und der Unschuld. Der Nutzgarten dagegen kam nach dem Sündenfall. Es ist der Ort, wo das Vertrauen der Vögel in die Vorsehung nachläßt.

Ein Duft nach Most weht heran. Doch nicht vom Traubensaft, sondern von den herabgefallenen Feigen. Sie gären auf dem Boden, und ihr Veilchenaroma durchzieht die Luft. Die Feigen hängen zu hoch, und es dauert zu lange, sie mit einem Bambusstab zu ernten, daher habe ich fast alle vom Baum fallen lassen, und die meisten sind jetzt reif und matschig. Ich müßte eine lange Leiter haben und einen Helfer, der die Leiter festhält und den Korb ausleert. Doch was soll ich mit den ganzen Feigen? Es gibt genug Vögel, die sich auf sie stürzen, und auch große, gefräßige Wespen. Merkwürdigerweise sind die von den Wespen angenagten und von den Vögeln durchlöcherten Feigen süßer als die anderen.

Der Herbst ist reich an Blumen, die um so kostbarer sind, als sie zu den letzten Überlebenden gehören. Sie haben ihre Blüten über den Sommer gerettet, bis in den Vorabend der Kälte hinein. Der Frühling ist nicht die einzige Jahreszeit, in der man in den Garten gehen und sich an ihnen erfreuen kann, nein, durchaus nicht. Im Spätherbst sind Erstaunen und Dankbarkeit viel größer. Außerdem gibt es dann weniger Arbeit, weniger Gras zu mähen. Man kann herumschlendern, Blüten aufstöbern, ihren Duft genießen und sie vielleicht zeichnen. Mehr bleibt nicht zu tun.

Der Himmel ist regenschwer. Es gießt auf die Beete wie aus Kannen und Eimern. In der Nacht gibt mir das peitschende Prasseln das Gefühl, auf die Matratze gedrückt zu werden. Ich schlafe tief und traumlos. Als ich erwache, ist der fast volle Mond noch nicht hinter dem Berg verschwunden. Leergeregnete Wolkenfetzen streifen die vom Dunkelgrün der Pinien gefleckte Felswand. Die Erde hat tonnenweise Wasser geschluckt, die Luft ist dunstig. Schwere Tropfenperlen zittern auf der rosa und grün gemaserten Rinde des Granatapfelbaums. Wie Kristalle sitzen die Knospen an den Ästen des Flieders. Die Kastanie hängt voller hellgrüner Igel, die in wenigen Tagen braun aufplatzen werden.

Heute ist ein Paket mit Iris, oder auch Schwertlilien, gekommen. Sofort hole ich die Hacke aus dem Schuppen und bearbeite den Boden an der Loggia. Ich reiße die Minze heraus und zeige mich wenig dankbar dafür, daß sie mir mit ihren starken Hauptwurzeln den von den Maurern zertrampelten Boden aufgelockert hat. Ich entferne auch die viel zu aufdringlichen, unverwüstlichen Wunderblumen mit ihren heilkräftigen Wurzelstöcken. Die nasse Erde klebt an meinen Stiefeln. Es wäre besser, noch etwas zu warten, doch mir fehlt die nötige Disziplin und Geduld, um die frisch gelieferten Iris nicht augenblicklich in den Boden zu bringen. Ich schiebe die Schubkarre zum Misthaufen und nehme die Steine weg, die die Plastikplane halten. Unter diesem Schutz ist der Dung trotz des strömenden Regens trocken geblieben. Ich brauche keine Mistgabel, sondern kann die großen Klumpen getrost mit den Händen aufnehmen. In trockenem Zustand sind sie leicht und beinahe geruchlos, wie Kuhfladen. Ich mische sie unter den aufgelockerten, gejäteten Boden und harke alles glatt. Dann verteile ich die vielen neuen Knollen. Die kleineren Iris sollen vorn wachsen, die größeren dahinter, in den verschiedensten Farben und Sorten bis an den Pfeiler heran, an dem der Nachtschatten steht.

Ich sitze in der Hängematte, die an einem Balken des Vordachs befestigt ist und genieße den schrägen Novemberregen. Ich schäle einen Granatapfel. Seine rubinroten Kerne stechen grell aus der weißen Höhlung hervor. Ich betrachte die Deutsche Mispel, die nun mit bronzefarbenen Früchten getupft ist. Regenjacke und Mütze, dazu Gummistiefel und vor mir lichtgewordene Blätter. Das ist Glück.

Doch es gibt einen Wermutstropfen. Ich habe keinen Lehrer. Nun ja, mein Gemüsegarten ist zwar einer, doch er redet nicht in der Sprache der Menschen mit mir. Außerdem ist er wohl eher eine Prüfungskommission als ein Lehrer. Er kann mich durchfallen lassen oder mich in die nächste Klasse versetzen. Mir wäre ein menschlicher Lehrmeister lieber, jemand, der mich Tag für Tag begleitet. Fukuoka ist zu weit weg, es müßte jemand aus meiner näheren Umgebung sein. Vielleicht habe ich ihn ja schon gefunden: Bei einem Ausflug in die Botri-Schlucht, einem tiefen Bergeinschnitt mit imposanten, steil aufragenden Felswänden, zwischen denen der Rio Pelago fließt, habe ich Angelo kennengelernt. Er erzählte mir in der Vesperpause von dem Bewässerungssystem in seinem Garten und lud mich ein, es mir anzusehen. Nichts leichter als das, denn sein Hof liegt hinter der Kirche von Vicopelago, nur ein paar Kilometer von meinem entfernt. Doch es scheint eher ein botanischer Garten zu sein. Angelo erzählt mir: »Ich suche ständig nach Samen von tropischen Pflanzen, die das hiesige Klima ohne zusätzlichen Schutz verkraften, vor allem ohne daß man das Gewächshaus heizen muß, jetzt, da Heizöl so teuer geworden ist. Ich habe einen chinesischen Bananenbaum gefunden, der bei Temperaturen unter Null Grad gedeihen kann und sogar Früchte trägt, und ich habe die verschiedensten Asimina, die nicht kälteempfindlich sind.« Er zeigt mir eine Afrikanische Myrsine, die Ähnlichkeit mit Buchsbaum hat, allerdings viel üppiger blüht. Schließlich kommen wir in seinen Gemüsegarten, wo ich mir die von ihm installierte Bewässerungsanlage ansehe, und gehen dann zu den Obstbäumen. Die Äste der überladenen Apfelbäume biegen sich bis zum Erdboden. »Komm schon, irgendwas machst du doch mit diesen Bäumen«, sage ich kleinlaut. Angelo schmunzelt vor sich hin. »Nein, ich behandle sie nicht, wo denkst du hin, ich will doch kein Gift essen! Du mußt eigentlich nur in den ersten Jahren mächtig hinterhersein, um sie vor den Attakken des Weidenbohrers zu schützen. In dieser Zeit müssen sie auch viel gedüngt werden, doch danach machen sie alles von allein. Anfangs habe ich sie auch noch beschnitten, doch das wurde mir zuviel, und so ließ ich sie wachsen, wie sie wollten. Dabei fiel mir auf, daß sie sogar mehr Früchte tragen als vorher.« Das ist mein Stichwort, um ihm von meiner Leidenschaft zu erzählen. »Aber dann machst du es ja genau wie Fukuoka!« platze ich heraus. »Der mit der ›Landwirtschaft des Nicht-Tuns‹? Stimmt, zunächst habe ich mich wirklich danach gerichtet«, sagt er errötend, als müßte er mir mit seinen grauen Schläfen eine Jugendsünde beichten. Vor Freude würde ich am liebsten in die Luft springen. Endlich wird all denen das Gegenteil bewiesen, die mich ausgelacht haben und mir erzählen wollten, Fukuoka sei verrückt, ein Übergeschnappter, der der Welt mit seinen Methoden nur Hunger bescheren werde! Angelos Obstgarten ist der beste Beweis dafür, daß Fukuokas Lehren keineswegs hirnverbrannt sind, auch wenn man sie nicht unbedingt immer wortwörtlich anwenden kann. Angelos Äpfel sprechen eine deutliche Sprache. Gern würde ich bei ihm in die Gärtnerlehre gehen, als kleiner Stift sozusagen. Ob er sich darauf einläßt?

Es war Flaubert, der gründlich dafür sorgte, daß Stadtbewohner, die sich künftig nur noch dem Landleben widmen wollten, ein für allemal in Mißkredit gebracht wurden. Seine Gestalten Bouvard und Pécuchet sind mit ihrem vergeblichen Eifer und mit den von ihnen angerichteten Katastrophen, die den Spott der Bauern provozierten, mehr als peinlich. Hinzu kommt, daß Pécuchet, ausgerechnet der sentimentale Pécuchet, die Vergeblichkeit all ihres Strebens durchaus ahnt. »Indessen bringen doch die Bäume, die weder beschnitten noch gedüngt werden, auch Früchte hervor, kleinere zwar, doch schmackhaftere. Den Grund davon will ich wissen!« läßt Flaubert ihn ausrufen und macht sich einen Spaß daraus, ihn so unmittelbar vor der Erkenntnis abzubremsen, daß er nicht die kleinste Schlußfolgerung ziehen kann.

Eine Sturmnacht. Ich kuschle mich in mein Bett. Hu! Ich genieße es, der jähzornigen Stimme des Windes zu lauschen, während er seine schwarzen Kurven der Verwüstung zieht. Ich genieße es, mich im Schutz der dicken Steinmauern geborgen zu fühlen. Von mir aus könnten draußen Wölfe, Bären und Wildschweine lauern. Doch zumindest Füchse sitzen wirklich in den hohlen Stämmen der jahrhundertealten, sturmgeschüttelten Bäume. Felipe ist zusammen mit den anderen Katzen im Schuppen untergeschlüpft. Am nächsten Morgen fällt das Licht des Tages auf das Werk der Nacht: die Zypressen fast bis zum Boden geneigt, der Birnbaum abgeknickt, einige Olivenbäumchen samt ihrer Stütze flach auf der Erde, silbriges Laub auf einem wirbellosen

Stamm. Die Luft ist klar und still, gereinigt vom Sturm, das Gras üppig nachgewachsen wie im Frühjahr. Bei diesem letzten Aufbäumen des Sommers, der noch nicht ganz im Herbst angekommen ist, leuchtet das Grün noch kräftiger. Es gibt weder Trümmer noch Schmerz, noch das Bewußtsein des Todes. Pflanzen sind so. Sie weichen kampflos, beugen sich ohne Schmerz und empfangen ohne weiteres jedes andere Leben, das schon für sie bereitstehen mag.

Gestern hat mich Angelo, den ich beflissen meinen »Meister des Gartens« nenne, zu einer ersten Lektion zu sich bestellt. Er zeigte mir, wie man Kardonen mit Erde anhäufelt, um sie zu bleichen. Ich verwechsle sie immer noch mit Artischocken. Ihre Blätter sind ganz ähnlich, ich kann keinen Unterschied erkennen. Vielleicht liegt er in dem nahezu weißen Flaum, dessen bloßer Anblick mich bereits an den leicht herben, hauchzarten Kardonengeschmack erinnert.

Den Gemüsegarten meiner Träume muß ich erst noch anlegen. Deshalb sehe ich mir gern fremde Gärten an. Den von Massimo und Giovanna in Tereglio zum Beispiel. Terrassen an einem Abhang, enge Wege die Böschung hinunter, Obstbäume und Ziergehölze wild durcheinander, ein Zier-Nutz-Garten. Das stellenweise von den Obstbäumen gefilterte Licht auf dem sonnigen Hang ist ideal für einen geschützten Gemüseanbau. Auf dem Efeu an dem kleinen Gittertor, das von der Dorfstraße in den Garten führt, sammeln die Bienen an diesem Herbsttag den Nektar für den letzten Honig. Weiter hinten, am Komposthaufen, ragen die hohen, gelben Köpfe der Topinambur empor. Ich entdecke noch ein paar späte Tomaten. Im Garten von Massimo und Giovanna gibt es immer etwas zu essen. Und es gibt Büsche lackroter

Dahlien, die mit dem Herbstregen an Kraft gewonnen haben, sowie flaschenförmige Zierkürbisse in glänzendem Hellgrün mit einem biegsamen Schwanenhals. Ich mag Kürbisse sehr, diese langgestreckten Blätterdrachen im Gras, die an anderen Pflanzen emporklettern, sich durch den ganzen Garten schlängeln und weit entfernt von dem gedüngten Pflanzloch blühen, in dem sie ursprünglich zu Hause sind. Mir gefallen auch die Festigkeit und die bizarren Formen der kleineren Kürbissorten, ihre Farben von Gelb bis Orange und von Grün bis Hellbraun. Im Garten von Massimo und Giovanna herrscht keine vordergründige Ordnung. Die verschiedensten Pflanzen wachsen durcheinander und suchen sich sowohl im Schutz vor der Sonne, als auch an warmen Fleckchen genau das Klima, das ihnen behagt. Die Vegetation ist alles andere als spärlich. Je üppiger der Garten gedeiht, um so mehr scheint er von der eigenen Fruchtbarkeit und vom harmonischen Zusammenspiel der Pflanzen zu profitieren. Der Kürbisapfelbaum hängt voller länglicher, gelbgrüner Früchte. Giovanna pflückt sie und legt sie in einen Korb. Früher einmal war es der Beginn des neuen Jahres, wenn die Äpfel reif wurden.

Seit Anfang November hat Angelo nicht mehr angerufen. Offenbar tauge ich als Lehrling nicht viel. Er behauptet, es gebe nichts zu tun. Auf seinen Garten, der seit Jahren gut in Schuß ist, mag das ja zutreffen, denn sein Boden ist fruchtbar und gesund. Doch bei mir, die ich noch gar keinen richtigen Gemüsegarten habe, bleibt schon noch einiges an Arbeit – und das nicht zu knapp.

Das Feld, auf dem ich meinen Obstgarten anlegen möchte, ist noch frei, doch ich habe bereits die klangvollen Namen der bestellten Bäume im Kopf. Sie heißen etwa *Bella di giugno* oder auch *Zitella*. Es sind sogenannte alte Obstsorten, wie man sie heutzutage nennt. Sie sind nur selten im Handel erhältlich, und um so größer ist mein Wunsch, sie im Garten zu haben. Man sagt, die alten Sorten seien widerstandsfähiger und schmackhafter als die modernen. Außerdem sei es leichter, Schädlinge und Krankheiten fernzuhalten, wenn man verschiedene Bäume pflanzt, selbst wenn es nur einer pro Sorte ist. Sollte ein Baum ein Jahr geschwächt sein, sind immer andere da, die den Verlust ausgleichen. Ich habe mich für verschiedene Sorten von Birnen, Pfirsichen, Äpfeln und Aprikosen entschieden. Dabei ist es erstaunlich, wie leicht sich mein Eigenbedarf schon mit dem wenigen, das rings um das Haus wächst, decken läßt. Sogar mehr als das, denn ich werde es niemals schaffen, die ganzen Äpfel, Feigen und Aprikosen zu verbrauchen. Manchmal habe ich das Gefühl, daß nicht Mangel, sondern Überfluß die Regel ist, zumindest im Obstgarten. Wieviel Arbeit ließe sich sparen, wenn doch jemand Auberginenbäume, Tomatenbäume und Salatbäume erfinden könnte! Obst zu ernten, scheint weitaus einfacher zu sein, als erfolgreich Gemüse anzubauen. Vielleicht kann man aber auf Obst auch nur eher verzichten als auf Gemüse.

Wenn ich die Kataloge der Pflanzenhändler durchblättere, packt mich die Gier. Ich hätte am liebsten alles, und zwar sofort. Zum Glück werden nur wenige Pflanzen als ausgesprochen anspruchslos, krankheitsresistent und winterhart beschrieben. So schränkt sich die Auswahl deutlich ein. Auf meinem letzten freien Feld markiere ich die Stellen für 57 Pflanzlöcher in sieben versetzten Reihen, die jeweils fünf Meter auseinanderliegen. Da meine Olivenbäume bereits rechtwinklig angeordnet sind, möchte ich die Obstbäume nun zur Abwechslung in der sogenannten Quincunx-Ordnung anlegen. Ich bin nicht besonders gut darin, die Pflöcke vernünftig auszurichten, weshalb ich Fabio um Hilfe bitte. Quincunx, so lese ich im etymologischen Wörterbuch nach, war ursprünglich »eine antike italienische Bronzemünze im Wert von fünf Unzen, deren Wertzeichen aus fünf Punkten bestand, die wie auf einem Würfel angeordnet waren«. Es bedeutet aber auch soviel wie »versetzte Gliederung«. Der Vergleich mit der Würfelseite irritiert mich, doch Fabio weiß sofort, was gemeint ist. Er schlägt den ersten Pflock in den Boden, bindet eine Schnur daran fest, deren anderes Ende er am letzten Pflock befestigt, und setzt dann in regelmäßigen Abständen die anderen Stäbe an dem gespannten Faden entlang in die Erde. Der Himmel ist grau und schwer, und mich beschleicht aus unerfindlichen Gründen das Gefühl, daß unsere Arbeit hier völlig sinnlos ist. Vielleicht deshalb, weil ich in einem Buch über Obstanbau das Quincunx-Schema als einen Streifen von diagonal versetzten Quadraten gesehen habe und ich meinen optischen Eindruck nicht mit dem Muster zusammenbringen kann, das dahinter steht. Später am Nachmittag klart der Himmel auf und vertreibt auch den Nebel aus meinem Kopf. Ich gehe noch einmal zum Feld, sehe die perfekt ausgerichteten Bambusstäbe, schaue mir die Abbildung in meinem Buch nochmals an und merke plötzlich, daß es viel einfacher ist, als ich dachte. Das Gitternetz der gelben Bambusstäbe, das sich auf dem grünen Boden gegen den blaßblauen Novemberhimmel abhebt, stimmt mich froh.

In diesem November wollte ich eigentlich die Obstbäume pflanzen, die ich im vergangenen Winter, also in der Zeit der Veredelung, in der Baumschule bestellt hatte. Doch es ist noch zu warm, um die reich belaubten Bäumchen dort schon aus dem Boden zu nehmen. Ich hatte wurzelnackte Bäume bestellt. Sie wachsen besser an als die im Topf gelieferten und kosten weniger als die Hälfte. Ich muß bis Dezember auf die Jungbäume warten. In der Zwischenzeit habe ich Kuhmist bestellt. Theoretisch könnte man ihn das ganze Jahr über lagern. Doch praktisch ist er so schwer zu bekommen, daß man unbesehen nimmt, was man kriegen kann, denn natürlich bewahrt ihn niemand in seinem Speicher auf. Der Dung, der mir geliefert wird, scheint nicht der schlechteste zu sein. Er ist schön fest, geradezu schwarzbraun und so appetitlich, daß sich mein Hund Nino darauf stürzt wie auf einen Leckerbissen. Ich schreie ihn an, um ihn zurückzuhalten, doch er schaut mich nur schief an, schnappt sich einen dicken Batzen und verzieht sich, um ihn außerhalb der Schußlinie gierig zu verschlingen. Als er sieht, daß ich vollauf damit beschäftigt bin, die schwere Schubkarre zu schieben, wirft er sich mit allen vier Pfoten in der Luft auf den Misthaufen und scheuert sich begeistert den Rücken.

Der Herbst war warm und regnerisch. Wenn ich jetzt einen Bagger bestelle, um die Löcher ausheben zu lassen, muß ich damit rechnen, daß die Raupenketten unauslöschliche Spuren auf dem Feld hinterlassen. Also beschließe ich, die Löcher von Hand graben zu lassen, mit Spaten und Schaufel. Das ist schonender für den Boden und zerstört die Grasdecke nicht. Graben ist eine Arbeit, zu der nur die wenigsten Leute Lust verspüren. Ich spreche mit Didier, einem französischen Gärtner, der sich auf ausdauernde Pflanzen spezialisiert hat. Er sagt mir oft, daß er noch nie jemanden wie mich getroffen hat, jemanden, der sich damit begnügt, sich den Garten so vorzustellen, wie er in etlichen Jahren aussehen wird, und sich nicht allzu sehr darum kümmert, was für einen Anblick er jetzt bietet. Didiers Kunden wollen für gewöhnlich schnelle Resultate. Er findet es erholsam, zu mir zu kommen, weil ich es überhaupt nicht eilig habe. Jedenfalls hatte er mir irgendwann versprochen, mich mit Guido bekanntzumachen, der bei mir in der Gegend wohnt und gut umgraben kann – wohlbemerkt mit dem Spaten und nicht mit dem Bagger. Aber nie ergab sich eine passende Gelegenheit, und wir verschoben das Treffen wieder und wieder. Doch dann merkten wir, daß es schon Oktober geworden ist. Also kommt Guido, einer der wenigen, die nicht darauf bestehen, den Boden maschinell zu bearbeiten, an einem späten Vormittag zu mir. Ich erzähle ihm von meinem geplanten Obstgarten. Doch vorerst möchte ich, daß er mir rings um den Garten einen freien Streifen gräbt, auf dem ich Klee aussäen kann, um das Unkraut fernzuhalten. Er findet die Idee dieses »Schutzstreifens« interessant und ist durchaus bereit, das Experiment zu wagen, obgleich er nicht davon überzeugt ist, daß es auch funktioniert. Die Grasnarbe rings um den Garten besteht aus einem undurchdringlichen, widerspenstigen Unkrautgeflecht, das jeden verwahrlosten Fußballplatz vor Neid erblassen lassen würde. »Hier kann man doch nicht graben. Hier braucht man Hacke und Grubber«, sagt er zu mir. Am Nachmittag kommt er mit zwei Grubbern wieder. Der eine hat zwei Zinken, der andere drei. Es sind schöne, alte Geräte von einigem Wert. Er ist stolz auf sie. Mit Hacke und Grubber säubert er den Streifen rings um den Obstgarten. Allein schon das Aufreißen der Grasnarbe dauert bis in die Abendstunden. Am nächsten Tag helfe ich ihm, die Erde aus den Wurzelballen zu schütteln, bevor wir das Unkraut abseits auf einen Haufen werfen und verbrennen. Als ich die Erde durchwühle, entdecke ich hocherfreut viele Regenwürmer darin – ein gutes Zeichen für die Fruchtbarkeit und die Gesundheit des Bodens. Guido erklärt mir, daß es für die Aussaat des Klees schon zu spät sei, daher säe ich auf dem gesäuberten Randstreifen nun breitwürfig Hahnenkamm. Ich harke den Boden glatt und gieße ihn, damit die Samen keimen können. Bei der Arbeit kommen wir ins Plaudern. Ich erzähle Guido von meinen Gartenplänen und von Fukuoka. Auch er hat seine Bücher gelesen. Was für ein Glück, einen Gleichgesinnten gefunden zu haben, mit dem ich harmonisch zusammenarbeiten kann, statt ständig gegen ihn ankämpfen zu müssen!

Endlich ist es soweit. Wir heben die Löcher für die Obstbäume aus. Das ist unglaublich anstrengend. Von den 57 geplanten Löchern grabe ich nur eines, sechzig mal sechzig mal sechzig Zentimeter groß, und das genügt mir völlig, um einzusehen, daß ich pro Tag nicht mehr als eines schaffen kann. Guido dagegen, dieser junge, bärtige Vegetarier, schafft vier in einer Stunde. Er ist flink wie ein Wiesel und scheint nie müde zu werden. Man könnte meinen, seine Kräfte verdoppelten sich mit jedem gegrabenen Loch, statt wie bei mir rapide abzunehmen. So verlege ich mich darauf, den Mist von dem Haufen unter der Zypresse zu den Löchern zu karren. In den Zwischenzeiten übernehme ich leichtere Aufgaben, spanne die Schnur von einem Bambusstab zum nächsten, bringe die Bäumchen zu dem Pflock, an dem sie eingepflanzt werden sollen, und beschneide abgeknickte, beschädigte oder zu lange Wurzeln.

Man sollte den Obstgarten so bepflanzen, daß die hochstämmigen Bäume im Norden stehen und die übrigen mit abnehmender Größe nach Süden ausgerichtet sind, damit die großen Bäume den kleinen nicht die Sonne nehmen. Diese Planung ist nicht so einfach in die Tat umzusetzen, da die meisten meiner Bäume so gepfropft wurden, daß sie relativ groß werden. An der Nordseite habe ich die Apfelbäume gepflanzt, die es kühl lieben und so zumindest ein wenig vom Schatten der Steineichen des Nordwalds profitieren können. Dann folgen die Birnen und schließlich Pfirsiche, Aprikosen und ohne erkennbares System auch einige Exemplare von Pflaume, Mandel, Dattelpflaume und Azarol-Apfel. Die Birnen machen den Löwenanteil aus. Ich mag die Früchte und auch die Blüten dieses Baumes sehr, der zur Familie der Rosengewächse gehört und im Frühjahr winzige und noch zartere Knospen als die Hundsrose ansetzt. Es heißt, Birnbäume brauchen unendlich viel Pflege, weshalb sie nicht oft gepflanzt werden. Da bleibt mir nur, auf die vielgerühmte Widerstandskraft der alten Obstsorten zu vertrauen.

Es heißt auch, eine schon seit dem Altertum bewährte Methode sei es, den nackten Boden nach dem Pflanzen der Obstbäume mit Stroh zu bedecken, das möglichst gehäckselt sein sollte und die Jungbäume mit ihren schwach ausgebildeten Wurzeln vor den Winterfrösten schützt. Zwar liegt tief im Pflanzloch wärmender Mist, und auch oben auf dem Boden wehrt der aufgetragene Dung ein wenig die Kälte ab, doch man kann nicht vorsichtig genug sein, wenn man das Anwachsen der Bäume absichern will. So verteilte ich rings um die frischgepflanzten Bäume Stroh, dessen Goldgelb einen wunderschönen Kontrast auf dem vom Frost bereits braungezeichneten Grün bildete.

Der Spätherbst eignet sich wunderbar zu Arbeiten auf den Beeten mit den Heil- und Gewürzkräutern. Unter einem aquamarinblauen Himmel hole ich das Unkraut aus dem Boden, wozu ich die vierzinkige Heugabel benutze, um die Wurzeln nicht abzureißen. Anschließend werfe ich es auf die Schubkarre und dann auf einen Haufen. Ich harke alles glatt, trage eine Schicht Torf zur Auflockerung des

Bodens auf und als Frostschutz am Fuß der Pflanzen auch etwas Mulch. Beschneiden werde ich sie erst im Frühjahr. Die trockenen, abgestorbenen Zweige können noch als Schutzzone für die lebenden Teile der Pflanze dienen. Manche Sorten müssen jetzt untergestellt werden. Die Zitrusgewächse kommen in den Schuppen, Geranien und Sukkulenten auch. Bleiben noch die frostempfindlichen Gehölze, die sich nicht transportieren lassen: Kampferbaum, Korallenstrauch, Pistazie, Bleiwurz und Wolliger Schneeball. Ich versuche, sie unten am Fuß wenigstens halbwegs mit Stroh zu schützen, und umwickle Stamm und Äste mit Fleece. Nun stehen lauter Gespenster in meinem Garten. Über dieser Arbeit ist der Tag zur Neige gegangen, es wird bereits früh dunkel. In den nächsten Tagen möchte ich die letzten Winterarbeiten erledigen – die Gartengeräte säubern, den Schuppen aufräumen und die Baumstützen kontrollieren. Vor mir liegt eine kurze Zeit der Muße. Dies ist wahrscheinlich die einzige Gelegenheit, um zu verreisen und mir Urlaub von der Landarbeit zu gönnen, die mich, selbst wenn ich mich nur auf meinen Gemüsegarten konzentrieren wollte, von der ersten Frühjahrssonne bis in den Herbst hinein ganz in Anspruch nehmen wird.

Januar

Düfte · Die Mischhecke · Bestandsaufnahme · Meerrettich · Das Mulchen mit Filzlappen · Ich beschneide die Weinstöcke · *The God Revolution* und der degenerierte Daikon · Botanik und Philologie · Die Reinigung der Gartengeräte · *Orecchiette alla Borragine* · Die Schöpfungsgeschichte · Zeichen des Wiedererwachens · Ein Paket mit Saatgut und Plastikhauben · Landarbeit bringt weniger ein als der Verkauf einer Niere · Kapern · Frost · Knospen · Samen und Antisamen

Über die Feiertage halten mich Familienessen und andere Festmahle von dem ab, was mir am liebsten ist – von meinem Garten, meinem Gehöft, der Stille und der Betrachtung des Himmels. Was für eine Erleichterung, am Tag nach dem Dreikönigsfest wieder zur Gartenarbeit zurückkehren zu können! Im Gegensatz zum Festkalender ist auf das Wetter kein Verlaß. Die Frühlingszaubernuß, die eigentlich erst zum Epiphaniasfest aufgeht, steht bereits in voller Blüte. Auch die Knospen der Winterblüte haben sich vorzeitig geöffnet. Dadurch kommt es nicht zu kontrastreichen Überraschungen und Brüchen. Der Januar wird zur nahtlosen Fortsetzung des Dezembers. Als wäre es damit noch nicht genug, gibt es auch nur wenige kalte Tage. Mit Nieselregen und Tagestemperaturen von zehn, zwölf Grad, die auch nachts kaum sinken, ist das Herbstwetter zurückgekehrt. An einigen Rosen, die ich Anfang Dezember gepflanzt habe, sprießen bereits zarte Frühlingsblätter. Es bleibt noch abzuwarten, ob sie vom Frost verbrannt werden oder unbeschadet über diesen sogenannten Winter kommen. Auf dem Gut ist alles in der Schwebe. Die Heckenrosen sind noch mit goldgelben Blättern gesprenkelt, die Luft ist feucht und mild, und ich warte nur auf den richtigen Zeitpunkt, um mich mit der Gartenspritze voller Grünspan an den zarten Stämmen der jungen Obstbäume zu schaffen zu machen und das Werk des Weidenbohrers zu boykottieren.

Im letzten Sommer hatte ich viel Zeit darauf verwandt, Gehölze für meine Hofhecke auszusuchen, die Nahrung und Unterschlupf für Vögel und kleine Wildtiere bieten kann. Freie Felder sind wunderschön, gewähren jedoch keinen Schutz. Die Leute kommen vorbei, um Grünzeug für ihre Kaninchen zu sammeln, zu joggen, Blumen zu pflücken oder ihre Hunde auszuführen – manchmal große, angriffslustige Hunde. Solche Invasionen behagen mir gar nicht, aber auch für Zäune habe ich nicht viel übrig. Mir schwebte eine Hecke vor, deren Schönheit unwillkürlich und zufällig sein sollte, die wie nebenbei entstehen und die Landschaft nicht zerschneiden sollte wie die gnadenlos eckigen Lorbeerwände oder – schlimmer noch – die Arizona-Zypressen. Sie sollte vielmehr an die Einfassung einer Landstraße erinnern, ganz wie eine wildwachsende Mischhecke, die niemand gepflanzt hat, die nach dem Willen der Natur entsteht und die verschiedensten Gehölze in sich vereinigt. Wochenlang brütete ich über der geeigneten Pflanzenkombination, in der sich einige Sträucher regelmäßig wiederholen sollten, um der Hecke Kontinuität zu verleihen. Dazu gehören Erdbeerbaum, Weißdorn, Liguster, Flieder, Faulbaum, Zierkirsche, Wildapfel, Schlehdorn, Myrte und Ginster. Andere dagegen sollten nur gelegentlich oder nur einmal auftauchen, wie etwa verschiedene Berberitzensorten, der Feuerdorn und einige Ilexsorten, die traditionelle Stecheiche, zum Beispiel, außerdem Weißer und Schwarzer Maulbeerbaum, Weißdorn und nicht zuletzt der Spindelstrauch, der auch Pfaffenhütchen genannt wird. In einer Extragruppe stellte ich Gelben und Roten Hartriegel zusammen. Sie sollten bei den Kastanien stehen, da dort der Boden humushaltiger ist und die Luft im Schatten des Pinienhügels, wo selbst in den heißesten Sommern die Nachmittagssonne nicht hinkommt, kühler bleibt.

Endlich brechen die ersehnten sonnenklaren Januartage an. Nachts sinkt das Thermometer unter Null, und morgens ist das Gut mit kräftigem Rauhreif überzogen. Ich sehe nach, wie sich die junge Hecke hält. Bei einigen Sträuchern ist ungewiß, ob sie wirklich angewachsen sind. Sie machen mich ungeduldig, denn ich kann erst im Frühling feststellen, welcher von ihnen lebt und welcher abgestorben ist. Auf einigen Weißdornblättern entdecke ich häßliche schwarze Flecken und braune Stellen an den Ästen. Ich fürchte, sie könnten ohne erkennbaren Grund eingehen, so wie es meinem Nachbarn mit seinen Pflanzen ergangen ist. Ich schneide einen Zweig ab, um ihn zu einem Fachmann zu bringen. Vielleicht genügt ja schon etwas Grünspan, um Abhilfe zu schaffen. Ich habe inzwischen so viele Heckenpflanzen, daß ich sie nicht mehr zählen kann, es müssen Hunderte sein. Nicht gerechnet die Hundsrosen, die im Februar geliefert werden – einhundert wurzelnackte Pflanzen, und nur für die wenigsten gibt es schon Löcher. Für die anderen müssen erst welche gegraben werden. Hunderte von neuen Pflanzen also. Und sie alle müssen vom Frühling an vor Unkraut geschützt werden! Ich muß einen Weg finden, wie ich dieses starke, aggressive Unkraut fernhalten kann, denn es reagiert auf jede andere Pflanze ungemein feindselig. Abhilfe könnte Pinienrinde schaffen, die ziemlich häßlich ist und die man auf so manchem Beet in der Stadt sieht. Ich könnte auch Fasertorf verwenden, doch das ist nicht sehr erfolgversprechend. Schließlich fällt mir ein, daß Fabio eine Rolle synthetischen Filz dagelassen hat, als er die Bewässerungsrohre für den Olivenhain installierte. Der Filz sollte verhindern, daß die Löcher in den Rohren mit Geröll oder Erde verstopft wurden. Ich könnte die Reste in Stücke schneiden und damit den Boden rings um die Pflanzen bedecken. So könnte das Wasser durchsickern, ohne daß das Unkraut eine Chance hätte. Das klingt nach einem guten Plan. Und was macht es schon, daß es nicht gerade toll aussieht, schließlich steht die Hecke ja ein Stück weiter weg. In spätestens drei Jahren werde ich den Filz entfernen. Dann ist die Hecke groß genug und hat gelernt, sich selbst zu schützen.

Im Winter bleibt Zeit für langfristige Arbeiten. Nichts ist eilig, und man könnte sogar meinen, es sei gar nichts zu tun. Doch der Schein trügt. Man braucht ein gutes Gespür, um einschätzen zu können, was als nächstes begonnen werden muß, damit es rechtzeitig fertig wird. Mir fallen die im Herbst gesetzten Tulpenzwiebeln wieder ein. Ich weiß zwar nicht mehr genau, wo ich sie gepflanzt habe, doch auf jeden Fall muß ich jetzt Gras mähen, wenn ich etwas von den Blumen haben will. Der Boden ist noch am späten Vormittag feucht, und der Rasenmäher kommt nur mühsam voran. Mir bleibt nichts weiter übrig, als bis kurz vor Sonnenuntergang zu warten, weil das Gras dann etwas trockener ist und sich besser schneiden läßt. In der Zwischenzeit fällt mir der Meerrettich, auch Kren genannt, wieder ein, den ich vor einigen Jahren gepflanzt habe, nachdem ich ein paar Säcke Sand unter die Erde gemischt hatte. Mittlerweile ist ein kleiner Busch aus ihm geworden, und seine Wurzeln dürften kräftig gewachsen sein. Ich nehme mein leichtes Gartenmesser mit der extrascharfen Klinge, welches ich bei einem Schmied in Pescaglia erstanden habe, der noch mit einem jahrhundertealten Ofen arbeitet und die Klingen zum

Härten im Wasser des Baches kühlt. Ich grabe mit einer kleinen Schaufel in dem körnigen Sand, der sich leicht entfernen läßt. Die Meerrettichwurzeln liegen ziemlich tief und sind nicht ohne weiteres zu finden, doch da stoße ich schon auf eine blaßgelbe Knolle. Ich wühle mit den Händen im Boden, um ihre Wuchsrichtung auszumachen, fahre mit dem Gartenmesser an der Wurzel entlang und ziehe sie heraus. Da ich gerade beim Graben bin, kann ich auch gleich ein paar Wurzeln zusätzlich beiseite legen, damit ich nicht jedesmal neu in der Erde wühlen muß, wenn ich eine brauche. Meerrettichwurzeln haben einen kräftigen, aromatischen Geruch. Um sie zu konservieren, schabe ich mit einem Küchenmesser ihre erdverkrustete Schale ab, häcksle sie mit dem Wiegemesser sorgfältig klein und gebe sie zusammen mit Zitronensaft, Salz und Öl in den Mörser. Ich zerstoße sie, bis mir die Augen tränen. Meerrettich enthält nämlich schwefelhaltiges Senföl und sondert beißende Dünste ab. Dann fülle ich ihn in ein Konservenglas. Nach diesem Rezept schmeckt er ausgezeichnet. Manchmal verarbeite ich ihn auch zu einer kalten Sauce. Meerrettich ist im Winter ein wunderbarer Gemüseersatz und hilft auch gegen Husten. Er ist reich an Vitamin C, weshalb man ihn auch Skorbutkraut nennt. Die geernteten Wurzeln bleiben lange frisch, wenn man sie in einer Sandschicht einlagert, was im Freiland ebenso möglich ist wie im Keller.

Ich bin ganz begeistert von meiner Idee, den Maurerfilz für die Hecke zu verwenden. Er kann etwas Feuchtigkeit halten und hat den Vorteil, daß er mich nichts kostet, weil ich ihn ja schon im Haus habe. Während ich noch darüber nachdenke, schaut meine Nachbarin Graziana bei mir herein, die oft mit dem Fahrrad vorbeikommt. Sie fragt: »Na, was wollen wir machen?« Ich schlage vor, daß wir gemeinsam den Filz um die Heckenpflanzen drapieren. Wir ziehen unsere Stiefel an, heben die weiße Filzrolle in die Schubkarre und legen zwei große Schneiderscheren dazu. Es ist herrlichstes Sonnenwetter, ein guter Tag, um sich an der frischen Luft aufzuhalten und Pflanzen einzukleiden. Unsere Arbeit ist nicht schwer. Wir müssen uns nicht viel bewegen, und besonders kalt ist es auch nicht. Noch hat das Unkraut auf dem vom Winter gelockerten, krümligen Boden nicht wieder zu wachsen begonnen. Es schimmert unter den Strahlen der Morgensonne in einem gleichmäßigen Braun. Ich übernehme es, die Filzstücke quadratisch zuzuschneiden und mit einem T-förmigen Einschnitt zu versehen. Graziana legt sie dann dicht um den Fuß der Pflanzen und drückt sie ringsum fest an. Schon nach einer Stunde ist der ganze Heckenboden wie mit milchweißen Briefmarken gepflastert, zwischen denen sich die ziegelroten Klumpen des Lehmbodens und der braune, hier und da strohgoldene Dung fleckig abzeichnen.

Im Gegensatz zu anderen Leuten habe ich keinen richtigen Weinberg, sondern nur ein paar spärliche Rebstockreihen, um zum Sommerende einige Tafeltrauben ernten zu können, nach denen übrigens auch mein Hund Nino ganz verrückt ist. Er läuft immer mit mir um die Wette zu den Weinstöcken und gewinnt jedesmal. Wie oft habe ich ihn schon beim Naschen ertappt, wenn an seinen schwarzen Lefzen der glänzende Saft herunterrann. Nach etlichen Stürmen neigen sich meine Weinstöcke mitsamt ihren Stützen inzwischen nach Norden. Schon seit Monaten nehme ich mir vor, sie wieder aufzurichten, doch als die Weinernte vorbei und das Laub gefallen war, verschob ich es doch wieder auf später. Nun komme ich endlich dazu und kann die Pflanzen auch gleich beschneiden. Die Zeit dafür ist günstig.

Giancarlo schaut vorbei, um mir zu zeigen, wie das geht. Ich habe Angst, etwas falsch zu machen, denn vieles ist leichter gesagt als getan. Wenn man den Weinstock so vor sich hat und sieht, daß der erhaltenswerte senkrechte Mitteltrieb schwächer entwickelt ist als ein anderer, viel schönerer und kräftigerer, kommen einem doch Zweifel, welchen man nun stehenlassen soll. Zumal ich mir nicht sicher bin, ob mir wirklich etwas an geraden Weinstöcken liegt. Doch Giancarlo ist unerbittlich. »Na los, nur zu! Worauf warten Sie noch? Ich habe Ihnen doch gesagt, daß Sie den senkrechten Trieb stehenlassen sollen!« Ich gehorche, doch gleichzeitig geht mir durch den Kopf, wie nervtötend es ist, wenn jemand von mir verlangt, daß ich nach seiner Pfeife tanze. Eigentlich wäre es gar nicht so schlecht, keinen Lehrer zu haben. Ich tue, was mir gesagt wird, doch innerlich probe ich den Aufstand. Die Weinstöcke sind noch klein. Nächstes Jahr werde ich sie wachsen lassen, wie ich will. Später am Abend sehe ich nach, was die Bücher dazu sagen, Columella zum Beispiel. Dieser altrömische Experte für Weinbau schreibt, daß man auf jeden Fall versuchen sollte, die Weinstöcke senkrecht zu ziehen, auch wenn man auf diese Weise womöglich die kräftigsten Triebe opfern muß, falls diese partout schräg wachsen wollen. Ich klappe das Buch zu und habe Giancarlo gegenüber ein schlechtes Gewissen. Er hat mich in der Kunst des Rebschnitts unterwiesen, wie schon die Alten sie praktizierten. Was hat mich nur geritten, unbedingt etwas Neues probieren zu wollen?

Während ich auf dem Gut herumwerkle und das Nichtstun völlig vergessen habe, fällt mir – fast vorwurfsvoll in Anbetracht von soviel Aktivismus – Fukuoka wieder ein. Ich habe noch nicht alle seine Bücher gelesen. Sie sind allerdings auch nicht leicht zu finden, wie ich zu meiner Verteidigung anführen kann. Als ich eines Abends vom vielen vergeblichen Suchen die Nase voll hatte, rief ich Giannozzo Pucci an, den Herausgeber der italienischen Ausgabe von *Der große Weg hat kein Tor*, und besuchte ihn auf seinem Hof in Ontignano. Nachdem ich ihm von meinen Anbauversuchen erzählt hatte, seufzte er und erkundigte sich, wie ich denn auf die Idee gekommen sei, ausgerechnet Stroh zu verwenden, das doch die Wildschweine anlockt wie das Licht die Motten. Doch zu mir kommen sie zum Glück nicht. Mein Hof liegt mitten in einem Dorf, ein Stück domestiziertes Land, sozusagen. Giannozzo konnte bereits ein Lied von verliehenen Büchern singen, die er nicht zurückbekommen hatte. Trotzdem überließ er mir widerstrebend zwei Titel: *The God Revolution* und *The God's farming*. Nachdem ich das erste in einem ungenauen Englisch voller Änderungen gelesen habe, stelle ich fest, daß es sich beim zweiten um denselben Text handelt, allerdings in einer besseren und diesmal flüssigen Übersetzung. Hätte ich diese doch bloß zuerst gelesen! Wie auch immer, ich stoße auf einen Abschnitt, in dem es um die heutige Beschaffenheit des Daikons geht, eines weißen japanischen Rettichs, den man zuweilen im Gemüsesortiment der Bio-Läden findet. Früher war der Daikon resistent gegen alle Krankheitserreger. Die modernen Sorten dagegen sind höchst anfällig. Was ist geschehen? Der Daikon wurde für den Menschen verbessert, das heißt, man machte ihn größer, zarter und milder. Fragt sich nur, ob dies auch eine Verbesserung für den Daikon war, der von Natur aus zwar dünner, bitterer und dunkler ist, dafür aber wesentlich robuster. Der vom Menschen verbesserte Daikon ist im Grunde deformiert: krank, schwach und eine Karikatur seiner selbst. So wie die Gans, die für die Straßburger Gänseleber gemästet wird, aus der Sicht der Gänse nur eine sehr leberkranke Gans ist. Und so wie Hänsel und Gretel im Käfig der Hexe für diese nur zwei zum Schlachten gemästete Lekkerbissen sind. Das kommt dabei heraus, wenn der Mensch seinem Geschmack und seiner Vorliebe für das Einfache, Weiche und Süße freien Lauf läßt, wenn er sich erdreistet, alles in der Natur zu verhunzen, nur um es seiner Bequemlichkeit anzupassen, und dabei ein Gleichgewicht zerstört, in dem jedes Lebewesen, einschließlich der Pflanzen, über ein durchaus vernünftiges Quantum an Selbsterhaltungskraft und Gesundheit verfügte. Alles nur für den Luxus, für den verdorbenen Geschmack, für den verweichlichten Gaumen! Vielleicht waren ja unsere Vorfahren, wie Fukuoka schreibt, tatsächlich viel gesünder als wir. Sie ernährten sich von bitteren Wurzeln und von Speisen, die ihnen nicht die Zähne ruinierten. Sie hatten keine Veranlassung, mehr als unbedingt nötig zu essen, und ihrer Kehle schmeichelte zunächst nichts so sehr, daß sie sich zu heillosen Feinschmeckern und Vielfraßen entwickelten.

Während ich mich in diesen Betrachtungen ergehe, regt sich mein Gewissen und erinnert mich daran, daß es wahrlich nicht an mir ist, den ersten Stein zu werfen. Selbst wenn wir die ganzen geknabberten Süßigkeiten der sogenannten Feiertage einmal beiseite lassen, muß ich mich doch fragen, wie es sich mit meinen Saatgutbestellungen per Katalog verhält. Habe ich mich nicht auch wie ein kleines Mädchen mit weit aufgerissenen Augen verhalten, als ich die vielen Köstlichkeiten in Form einer Elfenbeindistel ohne Dornen, eines riesigen Winterporrees oder einer Wegwarte mit feuerrotem Blütenkopf bestaunte? Es grenzt an ein Wunder, daß ich nicht auch noch der Versuchung erlag, die weiße Aubergine zu bestellen, eine Züchtung namens *Cloud nine* (aber nur deshalb nicht, weil bei dem Wort »Züchtung« sämtliche Alarmglocken in mir zu läuten begannen), oder

Hybriden wie den Blumenkohl *Violet Queen* oder auch die prachtvollen Chinakohlsorten mit so verdächtigen Namen wie *China pride* oder *Green rocket.* Man bräuchte ein komplettes Linguistikstudium für all die neuen Saatgutnamen. *Nomen est omen* könnte man häufig daraus lernen, denn Sprache transportiert auch ihre Geschichte und die Information über das, was sie benennt. Mit meinem peinlichen Bestellzettel in der Hand muß ich Abbitte leisten, *mea culpa.* Ich habe die Samen bestellt, noch bevor ich überhaupt eine Vorstellung davon hatte, wie mein Gemüsegarten aussehen soll, und noch bevor ich beschlossen hatte, was ich wann und in welcher Menge anbauen will. Ich habe mich von wahlloser Gier und von der Sucht nach dem Neuen hinreißen lassen. Fasziniert von der Möglichkeit einer bequemen Aussaat habe ich Samen in Form von Saatbändern bestellt, ohne darauf zu achten, ob er aus biologischem Anbau stammte. Ebenso habe ich Saatgut in Tonkugeln geordert, wohl wissend, daß diese Idee – natürlich gratis – von Fukuoka abgekupfert ist. Ich wollte mir die Mühe sparen, diese Lehmkügelchen selbst herzustellen. Ich fühle mich geistig mit dem Meister auf der fernen Insel Shikoku verbunden, lasse mich aber zugleich von Hochglanzkatalogen verführen wie ein einfältiges Landei und unterscheide mich dadurch in nichts von den Tausenden Stadtflüchtlingen, die sich überall auf der Welt der sogenannten Grünen Revolution verschrieben haben. Vielleicht ist die biblische Schöpfungsgeschichte gar nicht so weit von der Wahrheit entfernt, wenn sie den Verlust des irdischen Paradieses dem Werk eines Verführers zuschreibt, dem es gelang, den Menschen davon zu überzeugen, daß er etwas Besseres im Angebot hat. Kein Zweifel: Die Schlange war der erste Marketingexperte der Welt.

Heute habe ich mir vorgenommen, endlich die Gartengeräte zu reinigen. Schon vor einer Weile hatte ich dazu Sand in einen Holzkasten gefüllt. Ich steche Spaten und Hacke hinein, damit sie durch die Reibung mit dem Sand sauber werden. Wo noch Schmutz haften bleibt, helfe ich mit der Hand nach, weshalb ich Handschuhe trage. Der Sand wirkt wie Schleifpapier. Auf die gereinigten Metallteile trage ich etwas Mineralöl auf, reibe sie wieder mit Sand ab und öle sie nochmals leicht ein, damit sich eine Schutzschicht gegen den Rost bilden kann. Auch Schäfte und Griffe müssen behandelt werden, sonst trocknen sie zu sehr aus und halten nicht lange. Ich säubere sie mit etwas Wasser und Chlorbleiche, fette sie leicht mit Leinöl ein und lasse sie trocknen. In ein paar Tagen werde ich kurz mit Schleifpapier darübergehen und sie nochmals ölen. Dann werden sie einen wunderbar sauberen, gepflegten und frisch polierten Anblick bieten. Sie verströmen bereits jetzt einen angenehmen Duft und scheinen zu neuem Leben erwacht zu sein.

Ich überlege, was ich mir zum Abend kochen könnte. Seit Tagen schon liebäugele ich mit dem wildwachsenden Borretsch. Er ist eine einjährige Pflanze mit rauhen, haarigen Blättern und blauen Blüten. Dieses Jahr sieht man ihn viel früher als sonst, weil der Spätherbst so frühlingshaft mild war. An der Böschung unterhalb der Steineiche steht bereits ein üppiger Busch, obwohl es erst Mitte Januar ist. Ich habe eine Schwäche für Borretsch. Ihm werden reinigende Kräfte nachgesagt. Im Frühling verwende ich ihn viel für Risottos und Nudelgerichte, auch für Salate. Die zartesten seiner Blätter und die leuchtend-blauen Blüten bilden einen lebhaften Kontrast zum hellgrünen Radicchio. Im Winter habe ich ihn freilich noch nie geerntet. Ich ziehe mir zum Schutz gegen die rauhen, fast schon stachligen Blätter

Handschuhe an und hole mir ein Büschel. Einige Blätter sind leicht frostgeschädigt und braun gefleckt. Die verwende ich nicht. Nur die zartesten Spitzen kommen auf den Tisch. Ich werfe Orecchiette in brodelndes Wasser. Als sie fast gar sind, gebe ich den Borretsch hinzu, der nur kurz aufkochen muß. Ich gieße das Wasser ab, würze mit Olivenöl und Parmesan und habe schon ein leckeres Abendessen, für das weder Hybriden noch Gartenarbeit nötig waren. Man kann Borretsch natürlich auch aufwendiger zubereiten, in einer Minestrone etwa oder mit Reis. Ich kann ihn aber auch zu Pfannkuchen verarbeiten, indem ich seine Blüten und Blätter in Teig backe. Eigentlich müssen wir nur unsere Denkgewohnheiten ändern. Sie beschränken uns auf die Trägheit eines Supermarkteinkaufs oder auf die Gemüsesuche in unserem Garten und lassen uns dabei alle Früchte und Kräuter vergessen, die ganz ohne unser Zutun in der freien Natur vorkommen. Wir brauchen uns lediglich die Mühe zu machen, diese zu erkennen und zu ernten.

Bei dieser Gelegenheit möchte ich noch einmal auf die Schöpfung zurückkommen. Auch für Fukuoka ist sie der Ausgangspunkt. Er stellt ein irdisches Paradies an den Anfang, ein goldenes Zeitalter, in dem ein natürlicher Überfluß herrschte. Doch er erklärt nicht, warum der Mensch sich davon abwandte. Das Erste Buch Mose berichtet von der Versuchung durch die Schlange und von der grundsätzlichen Schwäche des Menschen, der sich, obwohl er sich in glücklichen Verhältnissen befindet, von der Aussicht auf ein noch größeres Glück verführen läßt. Eine Frage der Gier. Fukuoka erzählt die Schöpfungsgeschichte anders. Er begründet die Abkehr von der Natur damit, daß der Mensch seine Andersartigkeit im Vergleich zur restlichen Welt erkannte. Wie der Mensch zu dieser Erkenntnis gelangte, verrät Fukuoka allerdings nicht. Irgendwann löste irgend etwas die Vorherrschaft des Verstandes und seines Unterscheidungsvermögens aus, das jedem Dualismus zugrunde liegt. Die von Fukuoka erzählte Geschichte ist recht verworren und erinnert etwas zu sehr an die herzzerreißende Geschichte des Kindes, das von seiner Mutter getrennt wird, vom mütterlichen Schoß und von der Mutterbrust. Sehr schön sind jedoch die Seiten über die Unfähigkeit des Menschen zu einem anmutigen Leben, einem Leben ohne die bewußte Absicht zu leben und ohne die Überzeugung, daß ständige Anstrengung und Organisation nötig seien, um am Leben zu bleiben. Auf diesen Seiten klingt vor allem die Anfechtbarkeit seiner Utopie an, gepaart mit ihrer hinreißenden Schönheit und mit dem Protest gegen ein Leben, das seine eigentliche Bestimmung aus den Augen verloren hat, nämlich Freude und Seligkeit. Die Lebenserhaltung, das zweckgerichtete, organisierte Leben, wie es sich mittlerweile herausgebildet hat, läßt die Freude leicht außer acht. Aber zeigt mir denn nicht gerade mein Garten, daß ohne Absicht, ohne bewußtes Streben gar nichts wächst und Früchte trägt? Jedenfalls nicht in einem Gemüsegarten, der ein organisierter Raum ist. Doch auch auf meinem ganzen Gut, so wie es jetzt beschaffen ist, wächst nicht so viel, daß ich davon leben könnte. Schließlich kann ich mich nicht nur von Borretsch und Löwenzahn ernähren! Ich kann es deshalb nicht, weil ich weit vom natürlichen Urzustand entfernt bin. Das räumt selbst Fukuoka ein. Auch sein Plan, der Erde ihre ursprüngliche Fruchtbarkeit zurückzugeben, beruht auf einer Absicht, auf einer Vision. Was bleibt dann also eigentlich übrig? Vielleicht einfach meine große Bereitschaft, die Ermahnungen dieses alten Brummbärs zu verstehen, der seine Widersprüchlichkeiten nicht einmal ansatzweise auflösen will – verbittert, wie er ist, weil nicht genug getan wurde, um die Verunstaltung unseres Planeten zu verhindern, und weil die sinnlose Produktion von Reichtum seitens der Schöpfer des Bösen – der Waffenhändler, der Autofabrikanten, der Hersteller überflüssiger Waren – zur Zerstörung eines schon vorhandenen Reichtums führte, eines Reichtums, der sich nicht in Geld ummünzen läßt, da keine Arbeit in ihm steckt: Luft, Wasser und Sonnenlicht. Darin, so Fukuoka weiter, nehmen sich Marxisten und Kapitalisten nichts. Beide besteigen denselben Berg, einen Berg der Dinge, der Waren und auch des Mülls. Sie streiten sich lediglich um die Art der Verteilung. Fukuoka dagegen möchte mit all jener Arbeit Schluß machen, die dazu führt, daß die Erde der Güter beraubt wird, die durch die Gunst der Natur bereits vorhanden sind. Es sei besser, nichts zu tun, als der Natur zu schaden, sagt er und stimmt darin mit Mani überein, dem Begründer des Manichäismus, der in seiner Polemik gegen die Reichen und ihren verheerenden Luxus zu der Überzeugung gelangt war, daß es nicht notwendig sei, das Land zu bestellen.

Der Januar ist fast vorbei. Heute ist einer dieser schwebenden, doch keineswegs reglosen Tage. Ich werde ungeduldig. Ich spüre, daß alles in Bewegung ist: im Boden, unter den Baumrinden, in den jungen Pflanzenstengeln und in den geschlossenen Knospen. Der Winter ist nur ein Name, die Kälte eine Maske. Das Werk der lichtvollen Jahreszeit hat längst begonnen, denn als die wachsende Dunkelheit am Tag des Winteranfangs gegen die Barriere der Wintersonnenwende stieß, prallte sie zurück und verwandelte sich in zunehmendes Tageslicht. Ich ziehe durch die Felder wie ein Spürhund und halte Ausschau nach Zeichen des Wiedererwachens. Die Spitzen der Jonquillen sind schon zu sehen. Unter dem Feigenbaum und unter dem alten Birnbaum bilden sie Inseln voller hellgrüner, noch knittriger Blättchen. Ihre Blüten ruhen noch zusammengefaltet zwischen den grünen Laubblättern in der Knospe wie Insektenpuppen in ihrer zarten Seidenpapierhülle. Ich habe das Gras extra rechtzeitig gemäht, um mir dieses erste Sprießen nicht entgehen zu lassen. Auf einem frisch gejäteten Beet am Fuß der Orangenblume blühen die Tarzetta-Narzissen. Sie verströmen einen noch schüchternen Duft, als hätten sie Angst, zu früh dran zu sein. Im Schatten der großen Steineiche lugen zwischen herzförmigen, auf der Unterseite behaarten Blättern die Blüten des Winterheliotrops hervor, die nach Vanille duften und den ersten Bienen Nektar spenden. Ich hocke mich auf den von nassen Blättern schimmernden Boden und atme sein Aroma ein. Auf einem nördlich gelegenen Abhang ganz in der Nähe leuchten zwischen den schmalen Blättern des Schlangenbartes und den streifigen Schattenfarnen die noch runzligen Blütenblätter der Christrosen im ledrigen Immergrün ihrer gefingerten Blätter. Ihre Knospen sind gelbgrün. Wenn sie sich öffnen, werden sie ins Rosarote spielen. Von der Winterblüte weht Mandelduft herüber. Ihre wachsgelben Blütenblätter mit dem braunroten Tupfen in der Mitte liegen direkt am Holz. Ich pflücke ein paar Zweige, um sie zu Hause an den Kamin zu stellen und abends ihren Duft zu genießen. Es gefällt mir, zu beobachten, wie die nackten, eckigen Zweige mit ihren fast völlig verborgenen Blüten in der Vase zu knospen beginnen.

Das Paket mit meinen Bestellungen ist gekommen. Die Plastikhauben zum Schutz der einzelnen Gemüsepflanzen sind im Gegensatz zu den sündhaft teuren Glasglocken viel zu leicht und müssen erst mit Erde umrandet und befestigt werden, damit der Wind sie nicht fortweht. Die Samen sind auch nicht besser. Die Saatbänder erinnern an bestickte Borten, die man sich vielleicht lieber auf die Wäsche nähen sollte. Und die Tonkugeln sind erst recht lächerlich. Sie sind winzig, nur ein Viertel so groß wie auf dem Bild im Katalog, aber vielleicht reicht das immerhin für den kleinen Möhrensamen. Ich werde ja sehen, was daraus wird. Die Rechnung ist jedenfalls gesalzen.

Es ist sicherlich unmöglich, Bauer zu werden, ohne bereits über Landbesitz und anderweitig erworbene Mittel zu verfügen. Ich weiß nicht, seit wieviel hundert Jahren nun schon die Menschen, die die Äcker bestellen, um die Möglichkeit gebracht werden, ein selbstbestimmtes Leben zu führen. Sie müssen mit dem unfairen Tauschhandel gegen die Produkte aus der Stadt leben, mit Zwangsräumungen, Steuererhöhungen und Schulden. Die indische Autorin Kamala Markandaya erzählt in ihrem 1954 erschienenen Buch *Nektar in einem Sieb* ein typisches Schicksal von Pachtbauern. Nach einem arbeitsreichen Leben genügt eine einzige Mißernte, um sie beim Wucherer in hohe Schulden zu stürzen. Doch auch die nützen ihnen nichts mehr, denn kurze Zeit später verlieren sie ihr Ackerland, weil es dem Besitzer zweckmäßig erschien, es an eine Gerberei zu verkaufen. Auch Lew Timofejew, ein sowjetischer Journalist der poststalinistischen Ära, schrieb ein Buch über das Leben der Bauern. Er beschreibt darin ein Rußland, dessen Felder über die Maßen ausgebeutet werden, wo man jedoch trotzdem nicht überleben könnte, wenn man nicht außerdem sein privates Stückchen Land hätte. Und heute lese ich in der Zeitung von einer moldawischen Bäuerin, die von dem Erlös aus dem Verkauf ihrer linken Niere an eine Privatklinik in Istanbul ein Haus von der Größe einer Garage gekauft hat, »dessen Fenster fast alle verglast sind«, und dazu ein paar Truthähne, Schuhe für die Kinder, Schulbücher »und eine ganze Menge Vorräte, die im letzten Frühjahr allerdings zur Neige gingen«. Man hatte die Niere mit umgerechnet sieben Millionen Lire veranschlagt. Ihr Mann verdiente als Hirte gerade soviel, wie sie zum täglichen Leben brauchten, das Geld reichte nicht für zusätzliche Anschaffungen, und zu allem Überfluß hatte man die Familie auch noch vor die Tür gesetzt. Bratianovca ist ein sonderbares Dorf. Fünf Bäuerinnen haben hier schon eine ihrer Nieren nach Istanbul verkauft, vierzehn sind es im Nachbarort Menjir. Es genügt nicht mehr, mit ein paar Hühnern im Gepäck in die Stadt zu fahren, heute sind Organspenden für kranke Reiche gefragt, deren Nieren dialysegeschwächt sind. Nicht immer geht es gut aus. Im Dorf weiß schließlich jeder, wer gerade verreist ist, um ein Organ zu verkaufen. Nach der Rückkehr ist Eile geboten, damit einem die sieben Millionen Lire nicht vielleicht noch abspenstig gemacht werden.

Der Januar, so lese ich in einem Gartenbuch, ist ein guter Monat, um Kapern zu säen und Keimlinge aus früheren Aussaaten zu verpflanzen. Doch der Kapernstrauch ist widerborstig. Er weigert sich hartnäckig, sich seinen Standort vom Menschen vorschreiben zu lassen. Vom Wind getragen, suchen sich seine Samen Mauerritzen und hohe Glockentürme zum Keimen, wo sie zu dichten Büschen heranwachsen, an denen im Sommer duftende weiße und violette Blüten leuchten. An meinem Haus wächst er leider nicht, obgleich die Mauern schön alt sind. Ich habe mehrfach versucht, dort Kapern auszusäen, doch es half alles nichts. Mit einer beim Händler gekauften Pflanze hatte ich auch nicht mehr Glück. Ich versuchte, sie in einem mit Komposterde und Gesteinsschutt gefüllten Krug aufzuziehen. Nach einer trügerischen Sommerblüte ging der Strauch ein. Erst später bemerkte ich, daß ich ihn ertränkt hatte, weil die Wände des Krugs nicht durchlöchert waren. Als ich das endlich nachholte, floß reichlich Wasser aus den frischgebohrten Öffnungen. Dieser Wasserstau war die Erklärung für das herbstliche Ende meiner Pflanze. Ich versuchte es dann mit einem neuen Strauch. Bislang hat er durchgehalten, und vielleicht wird er ja eines Tages blühen, so daß seine Samen vom Wind in die Mauerritzen geweht werden, wo sie, wenn es ihnen beliebt, vielleicht sogar aufgehen werden.

Heute morgen ist das Wasser in den Kübeln gefroren. Das Gras unter den Füßen zerfällt mit einem schwachen Knistern zu Eismehl und wird zu Schneestaub, wenn ein toter Ast auf ihm lastet. Trotzdem blühen die Mispeln und ebenso die Sasanqua-Kamelien, deren Knospen sich schon im Herbst öffnen. Ihr zarter, süßer Duft durchzieht die von Kälte verdichtete Luft. Vorzeitiges Frühlingsgrün harrt standhaft auf freiem Feld aus. Es wird zwischen den einzelnen Frostperioden vermodern und einen guten Dünger für den Boden abgeben. Auf den immer kahler werdenden Zweigen der Sträucher sind nun deutlich ihre Beeren zu erkennen: die zuckerrosa Früchte des Pfaffenhütchens, die schwarzglänzenden Beeren des Echten Lorbeers, die preußischblauen Früchte des Indischen Weißdorns, die ganze Palette der Rottöne an den Rosensträuchern und die metallblauen Kügelchen an den Dolden des Steinlorbeers. Hin und wieder schaukelt eine Amsel auf der Spitze eines Astes.

Es ist einer dieser strahlendhellen Tage, an denen ich gern in den Wald hinter dem Hügel gehe, um mir das in den Himmel gestickte Geflecht der kahlen Zweige anzusehen. In der Nacht ist das Thermometer auf sieben Grad unter Null gefallen. Am frühen Morgen spüre ich die beißende Kälte des Tagesanbruchs. Beim Übergang von der Dunkelheit zum Licht kündigt sich die Rückkehr der Sonne durch noch größere Kälte an. Die eisigsten Tage des Januar sind angebrochen. Sie haben die Bergspitzen mit weißem Puder bestäubt. Auf meinem Landgut schneit es fast nie. Man kann ringsumher höchstens so etwas wie einen Glorienschein ausmachen, eine Umzingelung durch märchenhafte Fröste. Ich bleibe vor den kräftigen, rötlichen Knospen der Kastanien stehen, die in ihren festen Hüllen gut geschützt sind und sich auf den zuweilen fünfeckigen Ästen streng abwechseln. Besonders leicht zu erkennen sind die Robinien. Sie haben keine Knospen, sondern nur Dornen, und ihre Blätter sprießen direkt unter der Rinde hervor. Diese Bäume sind pfiffige Überlebenskünstler. Daher ist es nicht weiter verwunderlich, daß sie von vielen scheel angesehen werden, weil sie sich auf Kosten anderer, weniger gewitzter Pflanzen ausbreiten.

Dichte Nebel verkriechen sich nach dem Regen in den Einbuchtungen der Berge und heben deren massive Gestalt hervor. Ich entdecke Talsenken, die ich noch nie gesehen habe. Bisher hatte das diffuse Sonnenlicht bei der anhaltenden Trockenheit sie ausradiert. Die Luft ist sehr feucht, man spürt es bis in die Knochen und hört es an den Rufen der Vögel, die wie aus fernen Schluchten klar herüberklingen. Dies ist kein Tag für die Arbeit mit dem Spaten. Mein Rücken tut mir bereits von den wenigen Löchern weh, die ich in den aufgeweichten Boden gegraben habe, um Brombeeren zu pflanzen. Zum Ausgleich brauchen meine steifen Glieder einen Spaziergang. Ich schlage den Weg zum nebelverhangenen Monte Penna ein. Eigentlich gehe ich immer im Frühling dorthin, denn der Penna ist ein nahezu kahler Berg, der nach Griechenland und Meer duftet. Mit den ersten milden Tagen sprießen dort winzige Blumen in Rosa und Blau und auch Zistrosen, die hier weiß blühen. Im Winter sind die Farben des Felsens düsterer, ein von Regenschauern nachgedunkeltes Orange und Schwarztöne herrschen vor, dazu das weiche Moos, das später in der Sommerhitze vertrocknen wird. Ein paar Schüsse und Hundegebell hallen herüber. Hier gibt es eine Zypresse, von der ich mir ein paar Zapfen mitnehmen sollte, um ihren Samen auszusäen. Die Bäume vom Händler sind fast alle genmanipuliert, um der Braunfäule und wohl noch allen möglichen anderen Krankheiten vorzubeugen. Es ist wirklich ratsam, sich Samen von wildwachsenden Pflanzen zurückzulegen, für den Fall, daß es irgendwann keine Zypressen mehr gibt, die sich noch vermehren können. Es gab da nämlich ein Projekt namens »Terminator«, das wohl wieder gestoppt wurde. Alarmierend daran war, daß man Saatgut so manipulieren wollte, daß es sich nur noch ein einziges Mal fortpflanzen kann. Jemand war auf die Idee gekommen, den Fruchtbarkeitszyklus zu unterbrechen, um zu erzwingen, daß jedes Jahr neues Saatgut gekauft werden müßte, da dessen Früchte sich nicht weiter vermehren können. Man tut also gut daran, Samen aus der freien Natur aufzubewahren, der noch in einer ununterbrochenen Fruchtbarkeitskette zu uns gelangte, etwa so wie manche Totems der Ureinwohner Nordamerikas oder Polynesiens, die sich vermehren, indem eines aus den Knospen des anderen hervorgeht und aus diesem wieder ein neues und so fort bis in alle Ewigkeit. Bei manipuliertem Saatgut dagegen gibt es nur einen Abkömmling, nur einen Sproß, und der ist dann unfruchtbar. Das ist kein Samen, das ist Antisamen. Er ist fruchtbar, mehrt sich aber nicht, so daß er das biblische Gebot nur zur Hälfte erfüllt. Ich habe drei Zypressenzapfen eingesteckt, drei geschlossene, denn aus den bereits geöffneten aus dem Vorjahr ist der Samen längst fortgeweht. Vielleicht wachsen ja drei fruchtbare

Zypressen daraus, doch ich glaube noch nicht so recht daran, denn zuweilen beschleicht mich das Gefühl, daß alles, was ich tue, nur mehr eine symbolische Geste ist. Jedenfalls wird es die Zerstörung nicht aufhalten. Trotzdem gehe ich im Wald gern auf Schatzsuche. Zwischen ein paar Steinen entdecke ich die spießförmigen, mit hakigen Stacheln besetzten Blätter der Stechwinde. Womöglich stammt sie aus der Zeit, da das Meer hier noch in unmittelbarer Nähe war. Ich erinnere mich an den sanften Duft ihrer kleinen Blüten, die im Juni die Luft an der Küste mit ihrem süßen Aroma erfüllen. Ich habe meine kleine Schaufel nicht dabei, doch ich finde eine Ranke, die sich leicht aus dem Geröll ziehen läßt. Zum Vorschein kommen ein weißlicher Stiel, der kein Sonnenlicht kennt, und einige Wurzeln. Auf diese Weise hole ich mir mehrere Ranken. Man braucht beide Geschlechter, wenn die roten oder schwarzen Beeren wachsen sollen. Ich mache mich auf den Rückweg, um die Ranken unverzüglich einzutopfen. Unterwegs fällt mein Blick auf weitere Pflanzen, die ich mitnehmen kann: eine Erika, die nach einem Erdrutsch in der Luft hängt, und eine Zistrose, die zur Hälfte freigelegt wurde, als eine vom Sturm gefällte Pinie ein Loch in den Boden riß. Mit meiner Beute in der Hand beschleunige ich meine Schritte. Ich höre etwas rascheln und schaue auf. Doch es sind keine Vögel aufgeflogen, und der Wind hat auch keine trockenen Blätter hochgewirbelt. Schließlich erkenne ich, woher das Geräusch kommt. Ein Feuer verbrennt das Reisig vom Baumschnitt der Oliven. Was ich gehört habe, war das Knistern der Flammen.

Februar

Die Torfgrube · Garten und Natur · Gärtnerischer Analphabetismus · Vierfelderwirtschaft · Arbeit mit der Hippe · Johns Garten · Die hinreißende Schönheit der Brombeersträucher · Marktwert · Winterlicher Müßiggang · Lektion im Umgraben bei Guido · Was anpflanzen? · Eine Abkürzung · Was esse ich? · Alte und neue Gemüsesorten · Ich dünge Rosen · Der vergiftete Fluß · Rosenschnitt · Die Erleichterung, nicht verreisen zu müssen · Ohne · Florenski und die entwurzelten Touristen · Das Beschneiden der Obstbäume und der Azaroldorn · Mit meinem Hund Nino auf dem Monte Penna · Kleine Bartiris · Der Olivenhain · Ich beschneide Olivenbäume · *Vacare Deo* · Tafeloliven · Und wenn ich nun zu früh beschnitten habe?

Das Schöne an diesem Monat ist, daß seit dem 31. Januar die Jagdsaison vorbei ist und ich wieder entspannt spazierengehen kann, ohne daß ich befürchten muß, daß mein Hund Nino mit einem Wildschwein verwechselt wird, wenn er in den Büschen herumschleicht, und ohne daß ich genötigt bin, grelle Kleidung tragen, um nicht selbst eine Ladung Schrot aufgebrannt zu bekommen. Ich genieße diese Freiheit jeden Tag und nicht mehr nur dienstags und freitags, wo ohnehin nicht gejagt werden durfte – ein Verbot, das wenig Rücksicht auf Menschen mit geregelter Büroarbeitszeit nimmt, denen nur am Wochenende die Gelegenheit zu einem Spaziergang bleibt. Heute morgen rief Alessandra an, die kurz vor dem Abschluß ihrer Doktorarbeit über die Flora auf dem Monte Pisano steht. Sie nimmt mich hin und wieder auf ihre Erkundungstouren mit. Für gewöhnlich ist dann auch Palle, ihr schwarzer Hund, dabei. Er und Nino sind dicke Freunde. Doch diesmal ist er nicht mit von der Partie, weil er sich bei einem seiner nächtlichen Liebesabenteuer eine Pfote verletzt hat. Alessandra schlägt vor, ganz in der Nähe meines Hauses zu bleiben, weil sich dort als Überbleibsel aus der letzten Eiszeit von vor 13 000 Jahren eine Torfgrube befindet. Das Torfmoos, eine hellgrüne, seidige Pflanze, die im Lauf der Zeit meterdicke Schichten aufbaut, steht dort gleich neben dem großen, wärmeliebenden Königsfarn, einem Gewächs mit genau entgegengesetzten klimatischen Bedürfnissen, dessen Blätter im Winter absterben und erst mit Frühlingsbeginn smaragdgrün wieder austreiben. Alessandra erzählt, daß in der Torfgrube ein unglaubliches mikroklimatisches Durcheinander herrscht, was mich an eine Museumsvitrine erinnert, in der ein aztekisches Götzenbild wahllos neben dem Helm eines deutschen Ritters und neben anderen Wunderkammer-Kuriositäten ausgestellt sein kann. So findet man hier plötzlich Sonnentau, eine fleischfressende Pflanze, die sich von Fliegen und anderen kleinen Insekten ernährt. Wir brauchen hohe Stiefel, um in die sumpfige Torfgrube hinabzusteigen. Sie wird von einem Bach gespeist, der über schwarz und petrolgrün glänzende Felsblöcke fließt. Wenn wir uns deren schwindelerregend hohes Alter vor Augen führen, wird klar, daß wir das Grundgerüst des Monte Pisano vor uns haben. Diese Felsen sind sein erstes Skelett, entstanden im Mesozoikum, vor wenigstens 350 Millionen Jahren. Damit ist der Monte Pisano sogar älter als die Alpen und die Apenninen. Ich höre Alessandra aufmerksam zu und möchte mir alles merken, was sie erzählt. Doch am Ende behalte ich doch nur ein paar Einzelheiten. Wir steigen an einem Bach, einem Nebenfluß des Guappero, wieder nach oben und stoßen auf Schneeglöckchen, die in anmutigen Gruppen zwischen den Felsen blühen. Ihre grazile Schönheit zwischen Stein und Wasser erinnert mich an einen chinesischen Garten. Am Ufer zeigen sich hier und dort die zart bebenden Blütenköpfe der Buschwindröschen mit ihren fransigen, luftigen Blättern. Es ist eine kurze Wanderung, niemand kommt dafür extra von weither. Nino, der seinen breiten Pfoten nach zu urteilen gewiß einen Labrador unter seinen Vorfahren hat, planscht in den Pfützen und schlittert begeistert auf den nassen Steinen umher. Offenbar hat er gerade eine neue Sportart erfunden: Felsen-Wasserski.

»Ohne ein Minimum an Planung läßt sich kein guter Nutzgarten anlegen«, schreibt Mario Howard in seinem Buch *Naturgemäßer Gartenbau.* Ich neige vom Wesen her nicht gerade zu großen Planungen, und vorausberechnete Aktionen sind mir eher ein Greuel. Auch deshalb ist der Garten zu meinem Lehrmeister geworden. Das Prinzip des »Nicht-Tuns« kommt meinen Neigungen viel eher entgegen. Leider konnte ich noch nicht herausfinden, wie es auch eine stetige Ernährung gewährleisten kann. Ich mußte feststellen, daß dieses Prinzip mit dem Konzept des Gartens an sich unvereinbar ist. Fukuoka verwendet den Begriff Garten übrigens nie. Das lateinische *hortus* bedeutet soviel wie »eingefriedeter, abgeschlossener Hof«, doch auch »Gemüse«, »Heu«, »Weide«, »Speise«, »Nahrung« und hängt vielleicht auch mit dem griechischen Wort *choros* zusammen, das soviel wie »Tanzplatz« oder »Chor« heißt. Ein von der Natur abgetrennter Ort also, wo aus ausgewähltem Saatgut Nahrung erzeugt werden soll, allerdings nicht mit dem Ziel, robuste Pflanzen um ihrer selbst willen zu züchten, sondern robuste Pflanzen für den Menschen und seine Ernährung. Die Pflanzen im Gemüsegarten haben weniger Widerstandskraft als ihre Vorfahren aus der freien Natur und brauchen eine besondere Fürsorge, die nicht zuletzt im Schutz vor Unkraut besteht. Das räumt auch ein anderer Verfechter des Nichtstuns oder, wenn man so will, des *otium* ein: Henry David Thoreau. »Unkraut zu jäten, frische Erde um die Bohnenpflanzen zu schaufeln, das Kraut, das ich gepflanzt hatte, zum Wachsen zu ermutigen, den gelben Boden zu veranlassen, seine sommerlichen Gedanken in Bohnenblättern und Blüten, und nicht in Wermut, Pfeifenkraut und Hirsegras zu kleiden –, das war mein Tagewerk.« Seit der Mensch sein Leben als Jäger und Sammler aufgegeben hat, gibt es eigentlich kein einziges ihn ernährendes Gemüse oder Getreide mehr, das nicht die Frucht einer gezielten Arbeit ist, mit der er andere als die wildwachsenden Pflanzensorten züchtet. Einen Nutzgarten zu unterhalten, bedeutet abzugrenzen, auszuwählen und zu schützen, kurz gesagt: der Verwilderung und damit der Rückkehr zum sogenannten Naturzustand zu trotzen. Der Garten ist ein Produkt der Zivilisation. Und jeder einzelne fügt der Erde seine eigene Geschichte hinzu.

Wenn mein Ziergarten für mich eine Leinwand war, die ich bemalen konnte, war mein Nutzgarten dagegen ein Buch im Folioformat, dessen vier Einzelbeete sich, sozusagen im Quartformat, als die Seiten eines Buches erwiesen, auf denen sich jede Zeile oder Reihe nach den Regeln von Satzbau und Zeichensetzung richten mußte. Auf diesen vier Seiten mußte ich die Grammatik einer mir noch unbekannten Sprache anwenden und hatte dabei nicht weniger Mühe als ein erwachsener Analphabet, der Lesen und Schreiben übt. Ich mußte lernen, die Tinte nicht zu verschmieren, gerade Zeilen zu schreiben, die Wörter zu trennen und auseinanderzuhalten und auch zu erkennen, welche Wörter sich miteinander verbinden ließen. Ich lernte also die Technik der richtigen Kombination. Ich konnte nicht einfach aufs Geratewohl loslegen, so wie man ja auch nicht Schreiben lernt, ohne die Regeln der Rechtschreibung und Grammatik zu beachten. Folglich mußte ich einen Plan aufstellen und mir überlegen, welches Gemüse ich wo anbauen wollte, in welchem Turnus, in welcher Kombination und in welcher Fruchtfolge. Da stellt sich wirklich die Frage, was ein Begriff wie »naturgemäßer Garten« eigentlich bedeuten soll. Er ist absurd. Denn strenggenommen gibt es keinen naturgemäßen Garten. Man kann in seinem Garten bestenfalls auf den Einsatz von Chemikalien verzichten und zu traditionellen Anbaumethoden zurückkehren, die der Natur nicht schaden und ihr sogar zuträglich sind.

Ich hatte für meinen in vier Buchseiten aufgeteilten Gemüsegarten eine Vierfelderwirtschaft geplant. Dieser Fruchtwechsel ist nötig, damit der Boden nicht übermäßig und nicht einseitig ausgebeutet wird. Baut man Jahr für Jahr die gleichen Pflanzen an, werden der Erde stets die gleichen organischen Stoffe und Mikroorganismen entzogen. Sie verliert ihre Regenerationskraft. Darüber hinaus haben Krankheiten und Schädlinge, die eine Pflanzkultur befallen, alle Zeit der Welt, um sich einzunisten und auszubreiten. Sie können in Ruhe abwarten, bis der unvorsichtige Gärtner das Gemüse, das ihnen als Grundlage dient, an derselben Stelle noch einmal anbaut. Durch den Fruchtwechsel dagegen hat der Boden genug Zeit, um sich zu regenerieren. Die Pflanzen können ein Nomadentum praktizieren, durch das sie jeden eventuellen Krankheitsbeginn hinter sich lassen und einen chronischen Verlauf verhindern. Durch den Fruchtwechsel bleibt den Krankheiten und Schädlingen nicht genug Zeit, um die Pflanzen zu befallen. Daher ist es so wichtig, eine Frucht nicht zweimal am selben Ort zu kultivieren. Ich muß jedesmal neu entscheiden, was auf den drei für den Anbau vorgesehenen Feldern gepflanzt werden soll und welcher Gründünger auf dem vierten, brachliegenden Beet gesät wird. Doch ich muß auch eine wichtige Einschränkung akzeptieren. Ich kann nicht jedes nur mögliche Gemüse ziehen, dafür habe ich weder den Platz noch die Zeit. Ich muß mich auf den vorhandenen Raum beschränken. Jedes Feld mißt sieben mal vier Meter. Ich kann es in fünf weitere Beete unterteilen, die je 1,20 Meter breit und vier Meter lang sind. Dazwischen liegen vier Wege, etwa dreißig Zentimeter breit. Später kann ich vielleicht noch Beete mit ausdauernden Pflanzen wie Artischocken und Spargel hinzufügen. Und irgendwo könnte ich auch noch einen Kräutergarten für Salatpflanzen, Petersilie und Basilikum anlegen. Schließlich ist es keine schlechte Idee, sich auch ein paar Gewürzkräuter im Garten zu halten.

Nebeltröpfchen verschleiern die Morgenröte. Die Landschaft ist ohne Konturen. Es hat die ganze Nacht geregnet. Ich mache die Fenster weit auf, spüre jedoch keine Kälte eindringen. Es ist, als berührte ich eine Wolke, die sich auf die Erde gelegt hat. Der Nebel dieser Tage scheint vor dem Einbruch des Wetters zu schützen. Ich toaste mir Brot und mache Kaffee. In dieser feuchten Luft ist sein Aroma intensiver als sonst. Als ich vor die Tür trete, löst sich der Dunst bereits in den Sonnenstrahlen auf. Nur vereinzelt hängen noch Schwaden über den Feldern. Sie sind in nasses, wogendes Licht getaucht. Der helle Himmel ist nun mit einem blassen Porzellanblau überzogen. Spinnen gleiten leicht über Wassertropfen und bauen mit einem dichten Fadengespinst schneeweiße Netze, die weich auf dem grünen Geflecht der Zypresse liegen. Eine Kamelie, die ihre Knospen während des Frostes fest geschlossen hielt, treibt nun taufrische, pastellrote Blüten mit weißen Sprenkeln. Ich greife zur Hippe und spüre eine unbändige Freude, als ich mich, von den weichen Strahlen der Sonne gestreichelt, an den Ausputzschnitt der Bäume mache.
Der Tag ist strahlend schön. Seit zwei Tagen sind Graziana

und ich nun schon damit beschäftigt, die Steineichen nachzuschneiden. Die größeren Äste legen wir beiseite, um sie später in passendes Brennholz für Kamin und Herd zu zersägen. Die kleineren, bei denen der Aufwand nicht lohnt, tragen wir zu mehreren Haufen zusammen. In einigen Jahren werden sie zusammen mit den verrotteten Blättern in wertvolle Komposterde zerfallen sein, in nährstoffreichen Humus, der nach dem Durchsieben wieder den Wurzeln zugute kommt. Ich werfe nichts weg, mag nichts verbrennen, möchte bewahren und gute Voraussetzungen für die Rückkehr jedes Stoffes in die Erde schaffen, die ihn hervorgebracht hat. Der Weg ist lang, doch gern würde ich eines Tages an den Punkt zurückkehren, an dem der unterbrochene Kreis der sich selbst ernährenden Natur wieder geschlossen wird. Ich weiß sehr wohl, daß ich ihn nie erreichen werde. Zu weit haben wir uns schon davon entfernt, als daß wir diese Distanz nun in der mir verbleibenden Lebenszeit zurücklegen könnten. Doch das stört mich nicht. Es ist wie ein Gebet, wie ein in den Sand gezeichnetes Mandala, wie ein Glaubensbekenntnis. Irgendwann, wenn es mich nicht mehr gibt, wird das, was ich aufgebaut habe, wahrscheinlich nicht fortgeführt, sondern zerstört werden. So ist es schon vielen schönen Gärten ergangen, nachdem sie die Liebe des Menschen entbehren mußten, der sie gehegt und gepflegt hatte. Dem Garten von Mario Calvino, zum Beispiel, der von dessen Sohn Italo, dem Schriftsteller, verkauft worden war, wie der Gärtner Libereso Guglielmi berichtet: »Jetzt haben sie dort eine Autobahn hingesetzt. Wenn sie ihn nicht zerstört hätten, hätte er ein für die ganze Riviera nützlicher botanischer Garten sein können. Italo hat ihn verkauft, weil er gut reden, aber nicht gut grubbern konnte. Er hat die ganzen Ländereien seines Vaters verkauft, und dann haben sie alles kaputt gemacht.« Wer danach kam, hatte es eilig und machte kurzen Prozeß. Die Welt hat keine Zeit für die Liturgie der Seligkeit und für versunkene Andachtsübungen. Das Werk der Zerstörung drängt. Auf dem schwarzglänzenden Asphalt der Straße stechen abends die gelblichen Flecken der überfahrenen Kröten ins Auge. Wenn ich eine Kröte auf der Fahrbahn sitzen sehe, schubse ich sie an den Rand – eine Gefälligkeit, die nur ein Aufschub ist.

Zum Abendessen bei John. Er beklagt sich, weil er sich ständig mit den einheimischen Bauern in den Haaren liegt. Ihre Art, den Garten zu bestellen, habe so gar nichts mit seinen Methoden gemein. Die Bauern pflanzten immer erst spät, aus Angst vor dem Frost. »Aber du meine Güte, wenn Frost kommt, pflanze ich eben noch mal!« »Das ist aber keine Frage des unterschiedlichen Herangehens von Engländern und Italienern, sondern des Unterschieds zwischen arm und reich«, wirft Nicola amüsiert ein. »Was mich außerdem ärgert«, erzählt John weiter, »ist, daß sie den Boden nur dann umgraben, wenn sie das Land bestellen. Ich grabe ihn auch zum Winteranfang um, damit er atmen kann und vom Frost zerkleinert wird. Sie dagegen lassen jede Menge Unkraut darauf wachsen, bevor sie ihn endlich umgraben. Sie sagen, es sei sinnlos, sich die Arbeit zweimal zu machen.« Ich höre skeptisch zu. Meine Methode ist wieder eine andere. Ich habe Mist auf dem Gründünger verteilt und darauf Stroh. Umgraben wollte ich dann im März, genau wie die von John kritisierten Bauern. Allerdings könnte ich das zuletzt angelegte Beet auch schon jetzt, vor der Aussaat des Gründüngers, umgraben. John scheint mir meine Ratlosigkeit vom Gesicht abzulesen: »Und was ist mit dir? Du ackerst und ackerst den ganzen Tag, aber du pflanzt nie etwas ein!« Stimmt, ich bereite zwar den Boden vor, aber gleich den richtigen Gemüsegarten? Es muß dazugesagt werden, daß bei John der richtige Gemüsegarten für die tägliche Nahrung von dem vielgeschmähten Bauern weitab vom Haus bestellt wird, und wie fast alle Gärten der Bauern ist er nicht gerade eine Augenweide. Doch auf dem kleinen Stück Land, das John persönlich bearbeitet, ist er sehr erfolgreich. Es ärgert mich schon ein bißchen, zugeben zu müssen, wie tüchtig er ist und wie ich zurückliege. Auf alle Fälle macht mich das, was er über die Notwendigkeit des Umgrabens gesagt hat, in Anbetracht seiner Erfolge nachdenklich. Es ist wohl schon deutlich geworden, daß ich es vorläufig aufgegeben habe, Fukuokas Lehren wortwörtlich anzuwenden. Später, wenn meine Obstbäume größer sind und Schatten werfen, wenn mein Boden nach den Kleesaaten fruchtbarer ist und Voraussetzungen entstanden sind, die dem Gemüse-Obst-Reis-Feld Fukuokas mehr ähneln als heute, werde ich vielleicht versuchen, hier und dort etwas Gemüse wild wachsen zu lassen. Dann bin ich eine alte Frau, und mein Nahrungsbedarf wird nicht mehr so groß sein. In Gedanken sehe ich mich schon auf der Suche nach spontan wachsenden roten Rüben und Zucchini durch meine Beete streifen. Doch bis dahin muß ich erst einmal das ABC des Gemüseanbaus lernen. Um einzusehen, daß ich noch nicht die geringste Ahnung davon hatte, wie ich vorgehen sollte, genügte mir ein Nachmittag, an dem ich zu Hause vor dem Kamin alles Saatgut auflistete, das ich bereits besaß, und dazu das, welches ich noch besorgen mußte, um anschließend für jedes Beet einen Plan zu machen und festzulegen, was ich wo anbauen wollte. Meine ersten Schritte waren von Erfolg gekrönt gewesen. Ein paar üppig wachsende Fenchelpflanzen und Artischocken auf dem Gewürzkräuterbeet hatten mich zu der Annahme verleitet, ich hätte die Dinge schon gut im Griff. Ich benahm mich wie ein Kind, das sich bereits wie ein Schriftsteller fühlt, nur weil es ein paar Wörter schreiben kann – Haus, Baum, Hund. Doch weit gefehlt. Sich systematisch und kontinuierlich um einen Gemüsegarten zu kümmern, Jahr für Jahr und unter Berücksichtigung der Jahreszeiten und des Fruchtwechsels, verlangt wenigstens genausoviel Engagement wie das Schreiben eines Buches.

Der Himmel ist grau, die Felder sind fahl. Da ich möglichst mühelos die Brombeerranken auf dem Hügel herausziehen möchte, kommt mir die Feuchtigkeit gerade recht. Brombeeren sind schön, breiten sich jedoch aus wie Unkraut. Ich habe welche als Hecke bei den Kastanien wachsen lassen, weil ich ihre Beeren mag und weil ihre blanken roten Blätter im Winter so prächtig aussehen. Doch sie haben Dornen, wuchern von allen Seiten heran und neigen dazu, andere Pflanzen zu erdrücken. Daher gehe ich am Vormittag auf Brombeerjagd, bewaffnet mit Heugabel und Schubkarre und wegen der großen Nässe in Gummistiefeln. Mit der Heugabel lockere ich den Boden auf und ziehe zufrieden eine lange Wurzel heraus. In dem eifrigen Bestreben, den ganzen Hof an nur einem Tag in Ordnung zu bringen, nimmt man sich kaum die Zeit, die herausgerissenen Pflanzen, die wie die Opfer eines Massenmordes zusammengetragen werden, auch nur eines Blickes zu würdigen. So bleibt viel Schönheit unerkannt. Bei näherer Betrachtung offenbart jede Brombeerranke jedoch ihren ganz eigenen, hinreißenden Zauber: die feine Zeichnung ihrer Blätter, die Eleganz ihrer kaum gebogenen Dornen und eine Farbpalette von roten, grünen und braunen Tönen. Früher hätte ein Lehrjunge in der Werkstatt eines Malers diese Karrenladung ausgerissener Brombeersträucher zur Gewinnung schwarzer Farbe verwendet, und zwar des schönsten Schwarztons überhaupt: eines stumpfen, tiefdunklen, rußigen Schwarz. Wieviel könnten wir mit dem anfangen, was in freier Natur wächst! Doch wir nutzen so gut wie nichts davon. Wir bleiben nicht einmal stehen, um uns an dem Anblick zu erfreuen. Wer weiß, ob es jedem so geht. Natürlich können die Leute ein paar Pflanzennamen nennen, natürlich erkennen sie eine Rose, eine Tulpe oder einen Feigenbaum, doch bei weitem nicht immer. Sie haben keine Zeit, um diese überbordende, üppige und kostenlose Schönheit zu genießen. Sie sind mit unverständlichen Wünschen vollgestopft und anderweitig beschäftigt, vorwiegend damit, zu zerstören. Was für eine Strafe, kaum einen Blick für die Fülle des Lebens zu haben, die doch schon in einem kleinen Stück Erde steckt.

»Sie sind zu rein, um einen Marktpreis zu haben. Sie enthalten nichts Unreines«, schrieb Thoreau einmal über die Seen des Waldes, in dem er zurückgezogen lebte.

Die kalten, regnerischen Februartage laden zum Lesen am Kaminfeuer ein. Ich darf mich nicht dazu hinreißen lassen, mich nur mit meinen Gartenprojekten zu beschäftigen, zumal das schlechte Wetter sie auf später verschiebt. Jetzt, da der Regen gekommen ist, kann ich nicht einmal mehr umgraben. Es bleibt wirklich so gut wie nichts zu tun. Nun ist genug Zeit für einen Urlaub vom Garten, Zeit für Bücher, Reisen und Spaziergänge. Andrea und Sabina haben aus Palolem geschrieben, das im Süden Goas liegt. Sie möchten, daß ich sie dort besuche. Das könnte ich jetzt sogar, doch habe ich wirklich Lust dazu?

Heute morgen ist Guido gekommen. Eigentlich wollte ich mit ihm zusammen das vierte Feld meines Gemüsegartens umgraben, das ich mit Mist und Stroh abgedeckt hatte. Doch wir mußten feststellen, daß der Boden unter dieser dicken Schicht zu naß und schwer geworden war. Damit erübrigten sich meine Pläne. Also gruben wir das erste Gemüsebeet um, das, welches ich erst im Vorjahr bestellt hatte. Dort besaß der Boden die richtige Konsistenz und Feuchtigkeit, und Guido zufolge war er auch dieses Jahr noch gut zu beackern und keineswegs bereits erschöpft. Kein Wunder, hatte er doch jahrelang brachgelegen, bevor ich hierherkam, und meine ersten Gemüsepflanzungen waren zudem recht bescheiden gewesen. Auch Quecken hatte es weniger gegeben als befürchtet. Die Nutzung der drei so schön dick mit Mist versorgten Gemüsebeete muß nun also um ein Jahr verschoben werden. Ich hätte es anders machen müssen, erklärt mir Guido. Der Dung war noch zu frisch. Als ich ihn bekam, hätte ich ihn erst auf Reisigholz lagern sollen, und zwar ruhig ein ganzes Jahr lang; und zum Schutz vor Regen hätte ich ihn nicht mit einer Plastikfolie, sondern mit Stroh abdecken müssen. Reisig habe ich mehr als genug, denn zum Glück habe ich die vielen Zweige nicht verbrannt, die vom Schnitt der Steineichen übrig sind. Und wo ich das Stroh herbekomme, weiß ich auch schon. Wenn man den Dung so lagert, wird er reifer und eignet sich besser für den Gemüsegarten.

Es ist nicht das erstemal, daß ich einen Spaten in der Hand halte. Ich habe gelernt, wie man damit umgeht, als ich Pflanzlöcher aushob. Doch es ist das erstemal, daß ich ihn zum Umgraben benutze, und Guido soll mir zeigen, wie das geht. Ich sehe ihm eine Zeitlang zu und bitte ihn dann, es mir zu erklären. Er hat einen wunderschönen, dicken Spaten mit einem großen, herzförmigen Metallblatt. Er sticht ihn schräg in den Boden und wirft die Erde ein paar Spatenstiche weiter ab. Da ich immer nur Löcher gegraben habe, ramme ich meinen Spaten senkrecht und viel zu tief in den Boden. Es ist nicht einfach, diese Bewegung zu korrigieren. Am

Ende des Beetes bin ich etwas versierter, doch immer noch weit von Guidos Geschicklichkeit entfernt. »Es ist wie in der Schule, wenn man Lesen und Schreiben lernt. Für Erwachsene ist es viel schwerer«, sage ich. Das amüsiert ihn. Er ist ein schüchterner, geduldiger Lehrer, wie es häufig bei Männern der Fall ist, die um ihre große körperliche Kraft wissen, sie jedoch gutmütig und beinahe ängstlich einsetzen. Er tadelt mich nicht, treibt mich nicht an und versteht, daß ich zum Lernen Zeit brauche. Erst nach einer ganzen Weile weist er mich darauf hin, daß ich die Erde nicht gleichmäßig auf dem Beet verteile, sondern einen kleinen Berg anhäufe. Ich versuche, es besser zu machen. Beim Umgraben muß man sich ganz auf diese Arbeit konzentrieren. Doch ich bin nicht bei der Sache und schaufle die Erde versehentlich in den Sack, den wir für die Queckenwurzeln dabeihaben. »Wie dumm von mir, wo habe ich bloß meinen Kopf!« ist alles, was ich konsterniert hervorbringen kann. Nun ja, wenn diese ganzen Unkrautbüschel nicht wären, ginge das alles sowieso viel schneller.

Wir stoßen auf Unmengen von Regenwürmern. Sie sind schön dick, lang und rosig. »Tut ihnen der Spaten nicht weh?« erkundige ich mich. »Sie sind doch nicht wie wir, die sich nicht mehr erholen, wenn man sie in der Mitte durchhackt«, sagt Guido. Das nicht, doch gut tut es ihnen auch nicht. Ökobauern empfehlen, auf das Umgraben zu verzichten, damit die Regenwürmer nicht gestört werden und die Humusschicht unversehrt bleibt. Statt dessen solle man lieber mit der Heugabel arbeiten, um die Anordnung der Bodenschichten nicht zu verändern. Das werden wir nach der heutigen Aktion auch tun, die die erste und letzte ihrer Art sein soll, die sich jedoch in Anbetracht des Zustands meines Gemüsegartens nicht vermeiden ließ. Heute morgen hätte ich nicht sagen können, wie lange wir brauchen würden.

Jetzt weiß ich es: zu zweit fast vier Stunden. Doch angesichts meiner Langsamkeit als eher schmächtiger Lehrling und mit meinem kleinen Spaten habe ich nur einen Bruchteil unserer Arbeit geschafft. Danach bin ich müde und verschwitzt, und irgendwie tut mir auch mein rechtes Schulterblatt weh. Doch ich bin sehr zufrieden mit dem Ergebnis. Es ist eine Freude, das sich deutlich abhebende Rechteck des umgegrabenen Feldes mit der bröckligen, rotbraunen Erde anzusehen. Eine Freude, die nicht lange währen wird. Schließlich kann ich das Beet nicht so nackt und kahl lassen. Ich hole einen kleinen Ballen Stroh und verteile ihn als dünne Schicht auf dem Boden, die auch leicht wieder entfernt werden kann, wenn die Furchen für die Gemüsepflanzen gezogen werden müssen.

Ich will Gemüse anbauen, so weit, so gut. Doch welches Gemüse? Diese Frage ist nicht so leicht zu beantworten. Ich muß dazu vorhersehen, was ich irgendwann auf dem Tisch haben möchte, und das über Zeiträume, die für mich phantastische Dimensionen haben. Es ist etwa so, als würde man seine Einkaufsliste für das Abendessen nicht am Morgen schreiben, sondern zwei, drei Monate vorher. Noch nie mußte ich derart im voraus planen. Ich, die ich gewohnt bin, in den Tag hinein zu leben und den Launen des Augenblicks zu folgen, muß nun eingefahrene Gewohnheiten in Frage stellen, muß lernen, anders mit der Zeit umzugehen, und muß mir mit extremer Sachlichkeit den Zusammenhang von Ursache und Wirkung vergegenwärtigen. Was heute getan wird, hat spürbare Auswirkungen auf die Ernte von morgen. Man erntet, was man sät, ganz recht. Doch was soll ich denn nun säen?

Ehrlich gesagt, es gibt eine Abkürzung: Ich kann fertige Pflanzen beim Händler kaufen. Das spart eine Menge Arbeit, und da ich noch ein kleiner Lehrling bin, gönne ich mir diese Erleichterung, zumindest vorläufig. Ich verschiebe es auf später, zu lernen, wie man Samen und Gemüsekeimlinge gewinnt, wie man Saatgut selektiert, lagert, bei Bedarf vernalisiert und im Saatbeet keimen läßt. Doch ich sollte nicht zu lange warten, denn der Verkauf von manipuliertem Saatgut aus dem »Terminator«-Programm, das die Weitervermehrung der Samen verhindert, greift immer mehr um sich.

Doch ich schweife ab. Die Frage war: Was möchte ich in meinem Garten anbauen? Anders ausgedrückt: Was esse ich? Ich esse viel Radicchio und Chicorée, ich mag sie abwechslungsreich und schön knackig. Auch Tomaten kann ich gar nicht genug haben. Ich nehme sie für Bruschetta, Gemüsesuppen, Soßen und Salate. Gurken verwende ich weniger, doch ich esse viel Zucchini, häufig auch Auberginen. Ich liebe Okra und Zuckererbsen, deren Schale man mitessen kann. Ich erfreue mich am Anblick von Kürbissen, koche sie aber selten; ebenso wie Kohl, der vor allem eine Augenweide für mich ist, denn ich habe es mir noch nicht angewöhnt, meine Lieblingssuppen – *Frantoiana* und *Ribollita* – selbst zuzubereiten. Rote Zwiebeln verwende ich reichlich, gelbe und weiße dagegen fast nie. Im Frühling esse ich Frühlingszwiebeln. Ich habe eine große Schwäche für Fenchel und esse ausgesprochen gern Lauch, Möhren und Rote Bete, eine Rübensorte, die man in Rußland roh gerieben serviert, mit einem Hauch von Knoblauch und einem Löffel saurer Sahne oder Joghurt darauf. Basilikum, grüne Bohnen und Kartoffeln verwende ich für Pesto und tausend andere Dinge. Ich koche auch viel mit Reis, doch es fällt mir nicht im Traum ein, ihn anbauen zu wollen, ebensowenig wie

Linsen und Kichererbsen, die ich im Laden kaufe. Ich bin auch ganz verrückt nach Puntarelle, habe aber noch nie versucht, diese Endivienart selbst zu ziehen, obgleich ich bereits mit ihrem Samen aus dem Katalog geliebäugelt habe und mir förmlich das Wasser im Mund zusammenlief. Mit den Kartoffeln habe ich nicht viel Glück, doch ich werde noch einmal versuchen, sie anzubauen. Da die Züchtung von Artischocken einige Jahre dauert, werde ich für sie ein kleines Extrabeet anlegen. Dasselbe gilt für den Spargel. Von Zeit zu Zeit werde ich auch Spinat aussäen, teils für meinen Speiseplan, teils zur Verbesserung des Bodens. Den von mir reichlich verwendeten Borretsch brauche ich nicht anzupflanzen, weil er in freier Natur wächst. Ist das alles? Im Augenblick ja. Außerdem kann ich immer mogeln – eine bei Anfängern läßliche Sünde – und alles, was ich nicht selbst ziehe, aus dem Laden holen. Eine kleine Niederlage wäre es allerdings schon.

Gemüsepflänzchen und Saatgut gibt es in der Gärtnerei, man kann sie aber auch per Katalog bestellen. Wenn man als Gemüsegärtner so einen Prospekt durchblättert, wird man auf eine harte Probe gestellt. Die Möglichkeiten scheinen schier grenzenlos zu sein, das verfügbare Land und das Wetter sind es nicht. Am besten fängt man mit geläufigen Gemüsesorten an, mit einheimischen Pflanzen, die auch leicht in den örtlichen Gärtnereien zu finden sind. Eine Ecke im Garten könnte jedoch auch solchen Arten vorbehalten bleiben, mit denen man noch keine Erfahrung hat, um auszuprobieren, wie sie gedeihen und ob sie schmecken. Mit der Möglichkeit im Kopf, jedes Jahr andere Gemüsesorten anzubauen, kann man die Größe seines Gartens zumindest im Traum auf eine schöne Art vervielfachen.

Ich habe zu viele Rosen, viel zu viele, um den Duft jeder einzelnen genießen zu können. Alle zwei Jahre dünge ich sie, doch nie alle auf einmal, sondern abwechselnd immer nur eine Hälfte. Dieses Jahr ist die sogenannte Westzone an der Reihe, der Bereich des Gemüsegartens, des Buchsbaumbeetes, des Olivenhains und des Obstgartens. Es ist besser, den Mist in die Erde zu bringen, statt ihn nur oberflächlich zu verteilen. Das mag zwar auch gehen, wäre aber Verschwendung, denn bei Luftkontakt verliert der Mist viel an Substanz. Trotzdem ist Vorsicht geboten: Gräbt man zu frischen Dung unter, kann seine Gärung die Wurzeln der Pflanzen verbrennen. Ist er noch nicht abgelagert, sollte man ihn lieber nur auf dem Boden verteilen. Die Rosen des Buchsbaumbeetes, die *Blanc Double de Colbert*, stehen in zwei parallelen Reihen an dem Pfad, der zu meiner blauen Gartenbank führt. An der Nordseite, wo nicht soviel Sonne hinkommt und der schattige Boden relativ kühl bleibt, ziehe ich mit der Hacke einen kleinen Graben. Die Erde ist locker, und sobald ich ein wenig davon abgetragen habe, wimmelt es von Regenwürmern. Ihre seltsamen weichen Körper bestehen aus unterschiedlich dicken Ringen, deren Durchmesser sich verändern, wenn sie sich fortbewegen. Ich mag Regenwürmer sehr. Sie machen unserem Boden das denkbar größte Geschenk, indem sie ihn in fruchtbaren Humus verwandeln. Darum steche ich stets mit gemischten Gefühlen in der Erde. Einerseits freue ich mich, wenn ich sehe, wieviel Leben darin ist, ganz wie in einem fetten Käse voller Maden, doch andererseits mache ich mir Sorgen. Mein Öffnen und Beobachten bedeutet auch, diese segensreichen, unterirdischen Geschöpfe zu verletzen, zu verstümmeln und vielleicht sogar zu töten. Ich bin so vorsichtig wie irgend möglich. Trotzdem bleibt meine Arbeit mit der Hacke ein reines Glücksspiel.

Als der kleine Graben fertig ist, verteile ich den Dung darin, bedecke ihn mit Erde und trete ihn mit den Stiefeln fest. Meine *Blanc Double de Colbert* werden künftig gut versorgt sein. Ich weiß nicht, ob es richtig ist, sie so ungleichmäßig nur an der Nordseite zu düngen, dort, wo sie weniger gut gedeihen, und die kleine Hecke damit ein wenig aus dem Gleichgewicht zu bringen. Doch heute bin ich müde. Den Rest werde ich ein andermal düngen, schließlich hat es damit keine Eile.

Ich werde von der Presseschau im Radio geweckt und höre Berichte über einen großen, zyanidvergifteten Fluß: die Donau. Eine erschütternd große Anzahl von Fischen, Vögeln und Pflanzen sind betroffen. Ein Hund starb, nachdem er von diesem *aqua tofana*, diesem Hexengebräu, getrunken hatte. Die hochgiftige Substanz nähert sich nun dem Flußdelta und wird sich bald wie ein Todesstoß ins Schwarze Meer ergießen. Ich spüre körperlich, daß die Welt wieder ein Stück kleiner geworden ist. Ich trete aus der Küchentür. Jetzt, da die Tage länger werden, zeigt sich die Sonne genau gegenüber und umfängt mich mit ihren warmen Strahlen. Auf den Hügeln leuchten morgendliches Grün und der karmesinrote Lack der Knospen. Vielleicht wird der Tag kommen, da es auch unmittelbar hinter diesen Hängen einen toten Fluß, ein von Herbiziden orangegefärbtes Feld oder von chemischen Dämpfen verseuchte Luft geben wird. Wer weiß, ob das Wunder der Symbiose dann immer noch gelingt und ob das mir gewährte Stückchen Eden dann immer noch für ein Ganzes stehen kann, das es nicht mehr gibt. Nein, ausgeschlossen, die Unvermeidbarkeit meiner Niederlage liegt klar auf der Hand. Doch gerade das läßt mich gleichmütig werden. Mein Herz scheint auszusetzen, ich halte den Atem an, als sei ringsherum der Wahnsinn ausgebrochen, und von irgendwoher kommt eine Stimme der Vernunft und sagt zu mir: Reg dich, beweg dich, tu etwas, halte sie auf! Doch es ist eine uralte Stimme, die die neuen Kräfteverhältnisse noch nicht kennt.

Es ist Zeit, die Rosen zu beschneiden. Vielleicht gibt es noch einmal Frost, der die frischen Triebe vernichtet, bevor sie rechtzeitig verholzen. Zwar hat jeder Haupttrieb an den Seiten noch zwei Reservetriebe, doch die Pflanze soll sich nicht erst umsonst verausgaben. Ich bin keine Spezialistin im Rosenschnitt, obwohl ich irgendwann einen entsprechenden Kurs besucht habe und immerhin zwei Dinge behalten habe: Man beginnt mit dem Beschneiden immer von unten, und alte Rosensorten müssen nicht so oft beschnitten werden wie neue.

Der Frühling ist einen Monat zu früh gekommen. Ich werfe einen Blick auf mein Pfingstrosenbeet. Ich hatte die Wurzelstöcke vor einigen Jahren im Herbst eingegraben. Sie sind inzwischen angewachsen und treiben die ersten rhabarberroten Stengel aus. Auch die Tulpen mit ihrem Kranz aus dichten, lanzettförmigen Blättern sprießen aus dem Boden. Das Paradies steht kurz vor dem Ausbruch, und mir wird klar, daß die Gelegenheit, die Einladung nach Goa anzunehmen, schon wieder verstrichen ist. Um so besser. Mag Indien ruhig weiterhin in der Ferne bleiben, märchenhaft wie ein nie gesehenes Land, wie ein legendenumwitterter Klang. Mir genügt, daß es mir Gesellschaft leistete, als es draußen kalt war und ich mit einem Buch in der Hand und mit der Reisevorfreude zu Hause am warmen Kamin saß. Das Verlangen, dem Alltag zu entfliehen, war zu sehr von meinem neu gewonnenen Glück überlagert, das mich lehrt, mich dem Zangengriff künstlich geweckter Bedürfnisse zu entziehen. Das braucht seine Zeit, denn die Spur fremder Wünsche verblaßt nicht so schnell. Was für eine Erleichterung, sich nicht in eines dieser gräßlichen Charterflugzeuge quetschen zu müssen und keinen Grund dafür erfinden zu müssen, sich irgendwo in Indien herumzutreiben, entwurzelt wie ein Queckenbüschel, das mit einem Hackenhieb entfernt wurde. Da ist mir Massimos Idee viel sympathischer, ein Reisebüro aufzumachen, in dem man Gutscheine für einen Urlaub zu Hause erwerben kann. Auf diese Weise könnte man dem Drang, Geld auszugeben, Genüge tun und zugleich der Seßhaftigkeit zu mehr Prestige verhelfen, da man sie zu etwas macht, was nicht für jeden Geldbeutel erschwinglich ist. Ein sündhaft teures Ticket erster Klasse, das uns berechtigt, nicht zu verreisen und lieber dort glücklich zu sein, wo wir gerade sind. Eine kleine Spende an den Wahnsinn für das Recht, nicht aus dem seligen Zustand eines Menschen gerissen zu werden, der das Leben im Augenblick genießt. Wer sich kein Seßhaftigkeitsticket leisten kann, müßte ewig umherziehen wie eine verdammte Seele und wie die Liebenden in Dantes Höllenkreis.

Ich sehe meine Post durch. Darunter ist eine Einladung zu einem Fest in Mailand. Sie läßt mich kalt. Bin ich etwa eine Menschenhasserin? Bin ich schon so ungesellig wie Rousseau geworden? Ich möchte so leben. Im Verzicht leben. »Ohne« leben. Ohne Extravaganzen, ohne Reisen, ohne Feste. Ich möchte herausfinden, ob Glück auch ohne all das möglich ist. Ob Glück auch im Genuß dessen liegen kann, was wir ohnehin bekommen können: Sonne, Wolken, den Wechsel der Jahreszeiten. Herausfinden, ob das, was dem Menschen gegeben worden war, bereits genügte. Und ich begreife allmählich, daß es tatsächlich genügte. Diese Entdeckung wirft mich fast um. Mein Hunger nach Dingen, die ich nicht habe, ist vergangen wie die Begierde eines Asketen, der gelernt hat, in der Enthaltung Freude zu finden. Das ist nicht das, was für gewöhnlich als Leben bezeichnet wird, jedenfalls nicht von Werbespezialisten und Marketingstrategen. Doch es ist mein Leben.

Ich lese die Briefe, die der russische Wissenschaftler und Theologe Pawel Florenski aus den verschiedenen Straflagern, in denen er in den dreißiger Jahren des 20. Jahrhunderts interniert war, an seine Frau und seine Kinder schrieb. Die Landschaft der Solowki-Insel mit ihren aus Gletscherschutt bestehenden Bergen stößt ihn trotz einer gewissen Faszination ab, weil nichts von diesem Ort seinen Ursprung dort hatte, sondern alles von außen kam, auch die Menschen. »Bedrückend, wenn einem diese Zufälligkeit der Landschaft zu Bewußtsein kommt, es ist, als befände man sich in einem unaufgeräumten Zimmer. Mit den Menschen ist es genauso: Alle Berührungen sind zufällig, oberflächlich, ohne tiefe innere Notwendigkeit. Wie das kristalline Gestein, aus dem die Feldsteine bestehen, an sich interessant ist, aber losgerissen von den ursprünglichen Lagerstätten uninteressant wird, so ist es auch mit den Menschen hier: An sich bedeutend, im Durchschnitt bedeutender als die in Freiheit lebenden, sind sie trotzdem uninteressant, weil sie zufällig hierher verschlagen wurden – heute hier sind, morgen dort.« Die Gefangenen in den Lagern sind entwurzelt und entmenschlicht. So verhält es sich auch mit den modernen Gefangenen in den reichen Ländern, mit jenen Unseligen nämlich, die die Welt entstellen, indem sie in Touristenschwärmen durch die Gegend reisen.

Ich sehe nach, ob die im November gepflanzten Obstbäume angewachsen sind. Ich hoffe, daß es dafür einfach noch zu früh ist, denn ich finde kaum Stämme mit prallen Knospenansätzen. Ich hatte die Bäume auf den Rat des Verkäufers aus der Baumschule hin beschnitten. Ihm zufolge haben wurzelnackte Pflanzen bereits die Umpflanzung und den Wurzelschnitt hinter sich, weshalb man sich darauf beschränken sollte, nur die Baumspitze ein wenig zu kürzen. Das sei nötig, weil die Wurzeln sonst nicht mit deren Wachstum Schritt halten könnten. Fukuoka dagegen empfiehlt, die Krone überhaupt nicht zu beschneiden und den Baum frei nach seiner Natur wachsen zu lassen. Allerdings sind die Bäume, von denen er spricht, aus Samen hervorgegangen und wurden nie umgepflanzt, nie aus dem Erdloch entfernt, in dem sie ursprünglich keimten. Bei mir war das jedoch ganz anders. Ich hatte nicht die Geduld, die vielen Jahre zu warten, bis aus dem Samen eine Pflanze wächst. Zumal ich verschiedene Veredlungsarten hätte anwenden müssen, um schließlich die Bäume zu bekommen, die ich haben wollte. Zu so einer Veredlung wäre ich gar nicht imstande gewesen. Doch die Bäumchen zu stutzen, traute ich mir zu. Ich brachte es nur nicht übers Herz, an der Spitze der kleinsten herumzuschneiden, die mir lediglich bis zum Knie reichten. Auch den Azaroldorn beschnitt ich nicht. Obgleich er zart und ein bißchen schief war, strotzte er nur so vor Lebenskraft, so daß kein Eingriff erforderlich schien. Ob er nun deswegen oder aus einem anderen Grund der einzige Baum ist, der bereits jetzt deutliche Lebenszeichen erkennen läßt, ist schwer zu sagen. Auf jeden Fall ist seine oberste Knospe bereits kurz davor, ihre filzigen, zartgrünen Blätter zu entfalten, die zwar noch eng zusammengedrückt sind, sich mit der ersten vertrauenerweckenden Wärme jedoch bald herauswagen werden. Der Azaroldorn ist eine Pflanze, die ich mir schon immer gewünscht habe, sogar noch bevor ich wußte, wie er aussieht oder vielleicht gerade weil ich ihn noch nie gesehen hatte. Mich faszinierte die Schönheit seines Namens, der vom arabischen *alzarar* abgeleitet ist. In Nordafrika nennt man ihn *azazura*. Giorgio Gallesio zufolge, der Anfang des 19. Jahrhunderts eine Abhandlung über den Azaroldorn verfaßte, erhielt er seinen italienischen Namen im Königreich Neapel, von wo aus er dann das übrige Italien eroberte. Er ist sehr robust und verträgt sowohl große Kälte bis minus 25 Grad Celsius, als auch heiße und trockene Sommer. Er gehört zu den seltenen Obstpflanzen, die sogar in der Senke rings um das Kaspische Meer gedeihen. Er wächst als kleines, dorniges Bäumchen und trägt im September viele winzige korallenrote Äpfel. Sie sind knackig und ausgesprochen lecker, so daß man Lust bekommt, sie einen nach dem anderen wie Himbeeren zu essen. Am schönsten ist der weiße Azaroldorn. Seine Blätter ähneln denen des Weißdorns, und seine Doldentrauben mit den gelblich-weißen Äpfeln schimmern wie Porzellan. Ihr leicht säuerliches Fruchtfleisch ist köstlich. Mir schmecken die Früchte des roten Azaroldorns am besten, während die des weißen am schönsten aussehen und die des gelben am strahlendsten leuchten. Daher habe ich gleich alle drei Sorten gepflanzt.

In diesen Februartagen riecht es schon nach Frühling. Mein Hund Nino erhält Besuch von seinen großen und kleinen Freunden, die die erste Unruhe gepackt hat. Die Sonne wärmt mein Gesicht, als wollte sie es bräunen. Ich möchte hinauf zum Gipfel des Monte Penna, der das Tal hinter meinem Haus begrenzt. Der Weg führt am Friedhof Santa Maria del Giudice vorbei und ist mit einem dicken Felsblock für Kraftfahrzeuge gesperrt, was manche Schurken nicht davon abhält, dort trotzdem ausrangierte Waschmaschinen oder andere zerbeulte und verrostete Haushaltsgeräte abzuladen. Man braucht nur eine Stunde, um auf den

Berg zu gelangen, doch der Weg ist steil, und wer die Anstrengung nicht gewohnt ist, kommt mit müden Gliedern zurück. Je nach Jahreszeit kann man dort verschiedene interessante Blumen finden, vor allem wilde Orchideen. Jetzt blühen einige Wolfsmilcharten, violette Sternanemonen, Krokusse und Liliengewächse mit kleinen, fünfblättrigen, blaßrosa Blüten. Nicht zu vergessen das weißgraue Heidekraut und der fast zu jeder Jahreszeit gelbgetupfte Pfriemenginster. Oben auf dem Monte Penna leben Ziegen, ein Dutzend mindestens. Sie gehörten dem Friedhofswächter und wurden freigelassen, als er starb. Nino wittert sie, da der Wind ihren scharfen Geruch zu ihm weht, und nimmt die Verfolgung auf. Ich sehe ihn zwischen grellgrünen Büschen pfeilschnell über Stock und Stein davonjagen, während die Ziegen in Grüppchen zusammenlaufen. Sein Gekläff und sein Hecheln hallen in der Mittagsstille stärker als sonst wider. Die nun reglosen Ziegen am Berghang wirken wie scharfkantige Felssplitter. Müde vom vielen Bellen und ohne auch nur eine Ziege erwischt zu haben, kehrt Nino zurück. Wir setzen unseren Weg fort, bis wir auf die andere Seite des Berges gelangen. Von dort aus kann man den Lago di Massaciuccoli erkennen, bei klarem Wetter auch Gorgona nördlich von Elba und die Insel Tino vor Lerici. Doch heute ist es zu diesig. Vom Gipfel des Berges aus sehe ich mein Haus. Man könnte auch bis zum nächsten Gipfel weiterwandern, der durch eine Art Eselsrücken mit dem ersten verbunden ist. Doch der Weg dorthin ist durch schrägstehende, graue Kalksteinplatten versperrt, die teils in dünnere Scheiben zerfallen sind, teils vom Wasser durchlöchert wurden. Dieser Bergkamm bildet die Grenze zwischen zwei Vegetationsformen: der Garigue mit ihrem niedrigen Buschwerk auf meiner Seite und dem Kastanienwald auf der anderen.

Im Gras unter den Quittenbäumen sind die Kleinen Bartiris aufgegangen. Zarte Tupfen in Violett und Lila. Der Tag ist grau, ich hoffe auf Regen. Durch das Fenster betrachte ich die blaßgrünen Knospen an den schmucklosen Zweigen der Quitten. Gestern war es draußen noch frühlingshaft. Auf den Feldern zeigten sich die ersten winzigen Feldblumen: die hellblauen und weißen Pünktchen der Vergißmeinnicht.

Anfangs hatte ich keine Olivenbäume auf meinem Gehöft, was in der Gegend von Lucca ungewöhnlich ist. Ich kaufte mir sofort fünf schon recht große Exemplare und pflanzte sie in Form einer tadellosen Kurve, ohne weiter auf die Trennung meiner verschiedenen Gartenzonen zu achten. Im Gegenteil, ich verwischte die Grenzen und schuf in Hausnähe am Südwesthang einen schützenden Bogen, dort nämlich, von wo häufig der Wind weht und wo Nino seinen bevorzugten Ausguck hat. Es ist ein schönes Gefühl, von den Olivenbäumen beschützt zu werden. Sie haben eine wohltuende Wirkung auf mich. Als Maria Grazia, die auf die Arbeit des Gartenarchitekten Russell Page schwört, wieder einmal bei mir vorbeischaute, drängte sie mich sogleich, sie umzupflanzen. Ihrer Ansicht nach schufen sie nur Unordnung. Sie wollte sorgfältig abgegrenzte Räume, jeden für seinen besonderen Zweck und mit seinem spezifischen Charakter. Es gefällt mir nicht, eine Pflanze umzusetzen, obwohl sie dort, wo sie steht, offenbar gut gedeiht. Es widerstrebt mir, sie als architektonischen Baustein und nicht als Lebewesen zu betrachten. Außerdem glaube ich, daß jeder »Fehler« auch sein Gutes hat. Statt diese sogenannten Fehler auszumerzen, lasse ich sie stehen und suche nach einer Möglichkeit, sie in ein weniger orthodoxes Bild einzubinden. So war es auch mit den fünf Olivenbäumen. Allerdings war meine

Standortwahl bei einigen anderen Bäumen wesentlich fragwürdiger. Ich war einfach dem Rat des Händlers gefolgt, der sie mir verkauft hatte. Nun ja, was soll ich sagen. Doch abgesehen von den wenigen, die wirklich den Blick auf die Berge versperrt und andere Projekte wie den Obstgarten und den Olivenhain verhindert hätten, habe ich sie stehenlassen, wo sie nun einmal standen. Nach und nach lasse ich mir etwas einfallen, was die anfänglichen Irrtümer korrigiert, diesen Anreiz für die Erfindung neuer Lösungen. Nachdem ich die fünf Ölbäumchen gewissermaßen als vorgeschobene Posten gepflanzt hatte, legte ich einen richtigen Olivenhain mit etwa fünfzig Jungbäumen an. Die meisten von ihnen wurden vom Nordwestwind zu Boden gedrückt. Ich richtete sie am Anfang des Herbstes wieder auf, doch sie wurden von dem hartnäckig anhaltenden Wind erneut umgeweht. Manchmal möchte ich sie am liebsten so schief stehenlassen. Irgend etwas in mir sträubt sich gegen Pflanzen, die so lange gestützt werden müssen.

Bäume zu beschneiden macht mir Spaß. Wenn man ihre Krone auslichtet, ist es, als befreite man die Pflanze und ließe sie leichter atmen; ganz als wäre sie ein Kelch, der mit Himmel und Licht gefüllt werden muß, damit die Oliven reifen können und die nötige Sonne und Energie erhalten. Ich entferne die neuen Triebe, die senkrecht nach oben wachsen. Sie würden nur verholzen und keine Früchte tragen. Durch die geraden Triebe gelangt der Pflanzensaft sehr schnell zur Spitze, während er in den gebogenen Zweigen langsamer fließt, so daß der Baum genug Zeit hat, Saft zu ziehen, ihn zu halten und Früchte anzusetzen. Um mehr Oliven zu bekommen, muß ich manche Zweige zurechtbiegen, doch nicht mit Steinen, wie ich es früher an den Ästen der Quitte versuchte, die daraufhin den kuriosen Anblick eines Maibaums boten, sondern einfach mit einer sanften Bewegung im Vorbeigehen, die die Zweige anregen soll, Früchte zu produzieren. Die Krone braucht natürlich auch deshalb Luft, damit das Sonnenlicht eindringen kann und keine Nischen bleiben, in denen Krankheiten und Schädlinge nisten können.

Später, vielleicht im Herbst, müßte ich mit vier Stäben pro Olivenbaum wohl noch das Grundgerüst der Äste spreizen. So haben sie es jedenfalls im Nachbargarten gemacht. Ich weiß noch nicht, ob ich das auch versuchen werde oder ob ich eine andere Methode finde. Vielleicht mache ich auch einfach gar nichts. Denn während ich mich ständig erkundige und nachsehe, was die anderen tun, möchte ich auch beweisen, daß man mit weniger Arbeit auskommen kann. Mit einem begrenzten Stückchen Land, nur einem Flicken auf einem zerstückelten Planeten, wo man trotzdem sein Glück findet. Auf diesem Stück Erde möchte ich frei von Wünschen leben, die die Menschen weit fort an Orte bringen, die sie nicht mögen, und zu deprimierenden Arbeiten, die den Verstand beherrschen und keinen Platz für Freude lassen. *Vacare Deo*, frei sein für Gott, nannten es die Mönche in der Wüste. Bevor ich auf mein Gehöft zog, war ich wie ein schlecht beschnittener Strauch, dessen Zweige in einem erstickenden Gewirr durcheinanderwuchsen. Ich vergeudete Lebenssaft, verschwendete Energie. Meine natürliche Form war mit dem ersten Schnitt verlorengegangen, zusammen mit der Fähigkeit, die Knospen meiner Wünsche auch zur Blüte zu bringen. Nun werde ich nach und nach ausgelichtet. Jeder beschnittene Ast bedeutet mehr Lebenskraft für die übrigen. Bis meine Wünsche schließlich wieder Blüten tragen und mein Leben wieder ungehindert fließen kann. Gereinigt von dem, was uns als unabdingbar verkauft wird: Reisen, Urlaub, Schmuck, Shows, Angeberei und Hektik. Frei von ständigem Konsum. Ich möchte den Boden nicht verschleißen, sondern ihn bebauen, ihn fruchtbar machen. Möchte nicht die Pflanzen kultivieren, sondern die Erde, die sie hervorbringt, und ihr zurückgeben, was ihr entrissen wurde, als man sie ausplünderte und zu einer langsamen Agonie verdammte.

All dies geht mir durch den Kopf, während ich Stunde um Stunde die Bäume beschneide. Der Himmel ist wie hauchzartes, transparentes Porzellan in dem körperlosen Hellblau, das so typisch für den Winter ist. Die Luft ist kalt, bisweilen schneidend, und im Norden zeichnen sich tief über dem Horizont indigodunkle Wolkenstreifen ab. Als ich mit dem Olivenhain fertig bin, merke ich, daß ich die Tafeloliven vergessen habe. Diese Bäume wachsen normalerweise in südlicheren Gebieten und brauchen höhere Temperaturen, doch ich habe Sorten gepflanzt, die bereits an das hiesige Klima gewöhnt sind. Sie sind noch klein wie Geranien und stehen zwischen meinem Blumengarten und dem eigentlichen Hof. Nun warte ich geduldig darauf, daß sie mir in einigen Jahren saftige Früchte schenken.

Nach getaner Arbeit kommen mir Zweifel. War das nicht zu früh? Was, wenn es noch einmal Frost gibt?

März

Ich hänge Wäsche auf · Blumen · Colombana-Trauben · Gießen im Winter · Landrosen · Vögel · Winter am Mittelmeer und die Austrocknung des Planeten · Orchideen auf dem Monte Pisano und Spargel in Rupecava · Weinrosen · Regen · Birnenblüten · Wege durchs Gras · Visionen künftiger Fruchtbarkeit

Zu den ersten Bäumen, die ich noch während der Sanierungsarbeiten am Haus gepflanzt habe, gehörten die Spitzahorne. Mittlerweile sind sie groß genug, um eine Wäscheleine zu halten. Ich hänge die Tagesdecke auf, die meine Großmutter väterlicherseits gehäkelt hat, und auch etwas Bettwäsche. In dem leuchtenden Grün dieses Frühlingsanfangs stimmen die weißen Wäschestücke fröhlich wie die Gegenwart eines Menschen und wie der Beginn einer Geschichte.

Ich schlendere umher, um in meinem Blumengarten nach dem Rechten zu sehen. Die leuchtendroten Triebe der Pfingstrosen sind gewachsen. Von den drei Hyazinthen steht die dunkelblaue in voller Blüte zwischen dem Borretsch, der in fast derselben Farbe ebenfalls blüht. Ich mag diese einfarbigen Kompositionen. Die Anemonen stehen dicht zusammengedrängt und wirken geradezu schrill. Auch ein anderes Rauhblattgewächs, der Beinwell oder Wallwurz, trägt eine Fülle von primelzarten Blüten. Sie sind hellgelb, nahezu weiß.

Vor einigen Jahren pflanzten mir zwei Bauern im März achtzehn Weinstöcke und zwei Kirschbäume in die Reihe, wo mir die ersten Rebstöcke eingegangen waren. Ich legte großen Wert darauf, Colombana-Trauben zu bekommen, eine weiße Rebsorte, die auch *Verdea* genannt wird. Mein Vater hielt immer große Stücke auf sie. Für ihn war sie der einzig »wahre« Wein. Mein Vater hat manchmal etwas verschrobene Ansichten. So behauptet er im Brustton der Überzeugung, daß nur rote Rosen richtige Rosen seien, alle anderen seien unecht. Was könnte man einer so rigorosen Logik schon entgegensetzen? Und die Colombana hat sich tatsächlich als erstklassig erwiesen. Sie ist vielleicht die vielseitigste Weinbeere überhaupt, was die Behauptung meines Vaters, sie sei der einzig wahre Wein, nur bestätigt. Sie findet in der Weinherstellung, und hier vor allem als Meßwein, ebenso Verwendung wie als Tafeltraube. Sie kann, am Dachbalken aufgehängt, lange gelagert werden, und weil sie dort oben einen so schönen Anblick bietet, möchte man sie am liebsten für immer dort hängen lassen.

Es hat schon lange nicht mehr geregnet. Wegen des atlantischen Hochs, heißt es. Gestern habe ich zum ersten Mal in dieser Jahreszeit gegossen. Ich fürchtete, meine neuen Pflanzen könnten eingehen, etwa die in der Mischhecke, die jüngsten Rosen, die Brasilianische Guave, die frisch gesetzten Maulbeerbäume und die Clematis. Einige sind auch wirklich abgestorben. Wenn ich mit dem Fingernagel an dem Schwarzen Maulbeerbaum kratze, finde ich unter der Rinde nichts mehr von seiner leuchtend grünen Substanz voller Lebenskraft, sondern nur noch eine häßliche farblose Schicht, die sofort zerbröckelt. Die Rinde ist bereits abgestorben, der Baum bereits tot. Auch mehrere Clematis habe ich verloren – traurige Stöckchen ohne Knospen. Dafür kam heute ein feiner Regen auf, der die Luft mit Feuchtigkeit erfüllte und versprach, die Erde wieder aufleben zu lassen, sobald sich die Sonne zeigt.

Schon lange hegte ich den Wunsch, eine Rosensorte in meinem Garten zu haben, die ich als Landrose bezeichne, eine einfache Strauchrose mit roten Blüten, wie ich sie als kleines Mädchen gepflückt hatte, als ich zum erstenmal auf dem Land war und den Hof meiner Großmutter besuchte. Ich meine keine besonders raffinierten Blumen, sondern ganz gewöhnliche Rosen, die in jedem schlichten Garten stehen. Doch sooft ich auch in Gärtnereien nach Landrosen fragte, fand sich doch niemand, der wußte, was ich wollte. Ein Händler in Pistoia drehte mir sogar eine schreckliche, moderne Rose namens *Blaze* an, die er mir als meine Landrose verkaufte. Schon ihre Bezeichnung hätte mein Mißtrauen wecken müssen. Sie schockierte mich mit gigantischen, geradezu schreienden Blüten in flammendem Rot und machte ihrem Namen damit alle Ehre. Ich verbannte sie an den äußersten Rand des Ostwäldchens, wo sie nun am Straßenrand blühen kann. Allerdings muß ich gestehen, daß sich die Ärmste wacker hält, obwohl ich ihr Wasser und Dünger verwehre. Ich forschte weiter und sprach schließlich mit Don und Lindsay, zwei Australiern, die als Gartenarchitekt und als Maler den Landschaftspark von Venzano südlich von Volterra angelegt hatten. Sie wechselten einen Blick und gestanden mir, daß der einzige Schandfleck ihres kunstvoll gestalteten Gartens in der Tat zwei unglückselige Strauchrosen seien, die sie gerne loswerden wollten, um sie nach der erforderlichen Wartezeit durch zwei *Gloire de Dijon* zu ersetzen. Im März – wir hatten Oktober – wollten sie sie herausnehmen und mir schenken. Ich fand mich pünktlich ein, um sie abzuholen. Die eine Rose pflanzte ich an die Ofenwand, die andere sollte sich künftig zwischen den Zypressenzapfen vor meinem Haus behaupten. Beide sind nun aufgeblüht und duften wunderbar. Es sind eben richtige Rosen, und ich bin froh, daß ich sie habe.

Im Olivenhain stochern ein paar Vögel mit gereizten Bewegungen im Boden herum. Sie sind um einiges größer als Spatzen und Rotkehlchen. Es sind überwiegend Amseln. Sie sehen aus, als seien sie wütend, weil sie sich ihr Futter selbst suchen sollen, es zwischen den Stoppeln aufstöbern und herauspicken müssen. Ich habe das Gras extra kurz gemäht, damit die Olivenbäumchen sich endlich entschließen, zu wachsen. Seitdem fliegen immer mehr aufgeregte Vögel herbei.

Im letzten Jahr war das Gras trocken und leichter zu schneiden gewesen, denn es hatte über Monate nicht geregnet. Das beunruhigte mich. Wer sich keine Sorgen machen wollte, schob es auf den Winter am Mittelmeer, der eben immer so sei. Im Herbst regne es, im Winter sei es trocken und im Frühling komme der Regen wieder. Doch inzwischen höre ich in den Nachrichten von Konferenzen, die sich mit dem Wasserhaushalt der Erde beschäftigen. Ein Wissenschaftler regte an, die Lösung des Problems im Weltall zu suchen, denn dort gebe es H_2O-Vorkommen. Man könne auch einen Kometen einfangen. Schon ein kleiner würde genügen, um mit seinem Wasser ein ganzes Mittelmeer zu füllen. Ich versuche, mir einen gigantischen Kescher zum Einfangen eines vereisten Kometen vorzustellen. Die Lage muß wirklich ernst sein, wenn man schon auf solche Ideen verfällt. Würden wir denn mit dem ganzen Eis nicht erfrieren, wenn der Komet schmilzt? Und wieso wird unser Wasser überhaupt knapp? Die Tatsache, daß es in diesem Winter ausgesprochen viel geregnet hat, ist dabei alles andere als beruhigend. Wer weiß, wie wir dafür büßen müssen. Ich betrachte meine Pflanzen, und der Gedanke, daß sich ihre Zukunft einfach in Luft auflösen könnte, wenn man sie der Trockenheit überließe, stimmt mich traurig. Manche

Gebiete, vor allem die Regionen weiter nördlich, werden erst später betroffen sein. Doch ich denke nicht daran, meinen Hof zu verlassen und auszuwandern. Ein Kapitän, der etwas auf sich hält, läßt sein Schiff nicht im Stich. Warum ich ausgerechnet auf diesem Stück Land bleiben möchte, kann ich nicht sagen. Und gerade weil ich es nicht sagen kann, habe ich die Gewißheit, daß ich fest mit ihm verbunden bin.

Ja, ich weiß, man sollte nicht unbedingt sonntags spazierengehen. Dann sind zu viele Leute unterwegs. Früher waren die Monti Pisani weitgehend unbekannt und blieben verschont. Doch in jüngster Zeit hat man bei all dem Gerede über Naturschutzgebiete plötzlich auch die einzigartige Schönheit dieser runden, noch urwüchsigen Berge entdeckt, die wie Kinderzeichnungen anmuten. Alessandra und ich wollten eigentlich mit unseren Hunden Nino und Palle zum Gipfel des Monte Penna wandern, doch daran war nicht zu denken. Zu viele Wanderer kamen uns entgegen. Nino hätte angeleint werden müssen, weil man sich nie sicher sein kann, daß er nicht Lust bekommt, jemanden zu beißen. Also kehren wir um. Zum Glück kennt Alessandra einen weniger belebten Pfad, der noch nicht in den Karten verzeichnet ist. Er windet sich auf Umwegen zum Gipfel hinauf. Gleich zu Beginn hält er eine zauberhafte Überraschung für uns bereit. In den Farben von Carneol und Jaspis präsentiert sich uns eine kleine, pelzige Orchidee, die Ähnlichkeit mit einer Hummel hat. Es gibt unzählige Orchideenarten auf dem Monte Pisano, doch diese hier haben wir noch nie gesehen. Mit Hilfe eines Naturführers über die Vegetation der Apuanischen Alpen identifizieren wir sie später als Spiegel-Ragwurz, die auf der italienischen Halbinsel höchst selten vorkomme, auf Sizilien und Sardinien jedoch weit verbreitet sei. Und wirklich ist die kleine Orchidee an

diesem Ort die einzige ihrer Art. Ansonsten wachsen in den grünen Flecken zwischen den Kalkfelsen ringsumher Orchideen mit schwarzen, grünen oder purpurnen Blütenblättern, rosarote Serapias und wundervolle Zwergiris. Es ist die blumenreichste Jahreszeit in der Garigue. Später, wenn die Sommersonne erbarmungslos brennt und nirgends mehr ein schattiges Fleckchen bleibt, können sich nur noch die stoische Wolfsmilch, die harte Stechwinde und die duftlosen Immortellen halten.
Wir gehen durch ein Tor zu einem verlassenen Haus, vor dem hohe Zypressen stehen. Es ist umringt von Kalkblökken, die so nachgedunkelt und vom Wind poliert sind, daß man sie für Granit halten könnte. Der Weg, der eher ein schmaler Pfad ist, führt uns weiter über große Steine und durch blühende Erikabüschel, deren Staubgrün mit kreideweißen Glöckchen gesprenkelt ist – Pastelltöne vor dem Hellblau des Himmels. Wir gelangen in eine schattige Schlucht mit noch schlafenden Kastanienbäumen. Früher floß hier ein Bach. Er grub sich solange in den Kalkstein, bis er schließlich von ihm verschluckt wurde. Wir wandern an seinem trockenen Bett entlang und treten ins Freie. Vor uns liegt die Ebene mit dem Lago di Massaciuccoli und den Windungen des Serchio, die sich bis zum Meer erstreckt. An einem von Iris und Immergrün umringten Haus wachsen Primeln aus den Ritzen einer Steintreppe. Die grüne Eisentür am Haus ist verschlossen. Wir setzen uns auf die Stufen und holen unsere mit Speck und Rosmarin belegten Brötchen aus dem Rucksack. Danach geht es weiter zu einer einsamen Kapelle. Hinter ihr öffnet sich wie eine Kerbe im Berg eine tiefe Höhle mit feuchten, quarzglitzernden Wänden. In grauer Vorzeit war sie bewohnt. Jedes Jahr fand hier noch bis ins vergangene Jahrhundert zu Ehren der Jungfrau Maria am 8. September eine Prozession zu den »Wunder-

tropfen« von Rupecava statt, einem Rinnsal mit geweihtem Wasser, das allheilende Kräfte haben soll. Nach dem unruhigen Schnüffeln der Hunde zu urteilen, scheint sich nun ein Stachelschwein hier herumzutreiben. Wir entdecken auch einen Brunnen und ein merkwürdiges rundes Becken, wo ich den ersten wildwachsenden Spargel finde. Roh schmeckt er wunderbar, er ist zart und knackig, und es will mir einfach nicht in den Kopf, wie man ihn überhaupt kochen kann. Als wir von der Höhle aus in die Bucht hinunterwandern, kommen wir an zwei strahlendweißen Steinhäusern ohne Dach vorbei, die jedoch in ihrem Innern keine Trümmer aufweisen. In der grünen Landschaft wiegen sich Anemonen wie Purpurtupfen im Wind. Unten im Tal lärmen die Scharen der sonntäglichen Spargelsucher. Pro Kopf dreißig Stangen wären gesetzlich erlaubt, doch daran hat sich noch nie jemand gehalten.

Seit einer Weile schon warte ich auf Regen. Als er endlich kommt, merke ich es zunächst am Wind, der die sonnenwarme Luft mit kalten Streifen durchzieht. Von Nordwesten wehen graue Dunstschleier heran, doch es vergehen noch Stunden, bevor gewiß ist, daß sich das Wetter wirklich ändert. In der Nacht zieht eine tiefe Mattigkeit herauf, die mich in die Bettücher zu saugen scheint. Beim Erwachen bin ich wie erschlagen. Danach kehren die fröhlichen Tage zurück, an denen eine strahlende Wintersonne scheint und ich die ganze Zeit im Freien bleiben kann, um etwa Weinrosen in die Mischhecke zu pflanzen und mit der Schubkarre Mist zu ihnen zu bringen. Ich verteile ihn zwischen den Rosen und bedecke ihn mit Erde, damit nichts von seinen Nährstoffen verloren geht. Ursprünglich hatte ich für die Hecke unsere heimische Hundsrose vorgesehen. Doch dann las ich, daß die Blätter der Weinrose, die im Englischen übrigens *sweetbriar* (süße wilde Rose) genannt wird, bei Regen einen herben Apfelduft verströmen. Diese kleine Besonderheit hatte es mir sofort angetan. Ich fand die Weinrosen in einem sehr gefragten Katalog, wo sie allerdings an die Verpflichtung gekoppelt waren, gleich hundert auf einen Schlag zu kaufen, und nicht eine weniger.

Ich bin mit meiner kleinen Schaufel an dem Hang unterwegs, wo der Sturm im Winter die Steineiche entwurzelte und nun ein Loch klafft. Die graue Luft hängt voller Wassertröpfchen, die noch unschlüssig sind, ob sie herunterfallen sollen. Ich grabe Löcher in den von der Feuchtigkeit dunklen Boden, um Nelken, Wolfsmilch und auch Zittergras zu pflanzen, das später aschblonde, korbähnliche Köpfchen tragen wird. Dies ist nur ein Vorwand, um im Freien zu bleiben und dem Regen zuzuschauen. Zehn Minuten vergehen, die Tropfen werden heftiger, entwickeln sich zu einer prasselnden und plätschernden Melodie und gehen wie zu einer Atempause in leichtes Trommeln über. Dann erneut wäßrige Peitschenhiebe und ein Rauschen die Dachrinne hinunter. Das Gras ist wie frisch lackiert. Ich kann förmlich zusehen, wie es wächst und gedeiht. Der ganze Tag ist so, eine Wassermusik, die vom Himmel fällt. Der nächste Morgen ist bereits milder, es herrscht eine schüchterne Wärme. Ein Wattebausch aus zerfaserten Wolken hüllt die Berge spiralförmig ein. Ich setze meine Regenmütze auf, ziehe Gummistiefel und Regenjacke an und will nachsehen, wie es den neuen Pflanzen auf dem Hang ergangen ist, ob die Feuchtigkeit sie gut im Boden verankert hat. Als ich aus dem Haus trete, dringt ein zarter Laut an mein Ohr. Es ist Vogelgezwitscher, das vom Echo zerfranst herüberhallt. Der nasse Boden ist aufgeweicht und wird durch Licht und Luft allmählich blasser. Die Sonne wirkt wie in weite Ferne gerückt. Grüne und graue Farbtöne bestimmen das Bild ebenso wie das versengte Braun auf dem Stück Feld, wo das Queckenfeuer brannte. Vielleicht regnet es heute immer so weiter. Gut eine Woche mit diesem Nieseln wäre nötig, um die Erde in einen satten Nährboden zu verwandeln, der nur darauf wartet, Leben sprießen zu lassen, sobald sich die Wolken verzogen haben und die Sonne die Wiesen erwärmt.

Es regnet seit vielen Tagen. Der große Birnbaum mit seiner runzligen schmutzigbraunen Rinde trägt helle Tupfen in der Krone. Es sind kleine Knospenbündel, die wie winzige Rosen aussehen, aber noch fest verschlossene Blüten sind. Wenn ich sie in dieser Jahreszeit betrachte, kann ich leicht verstehen, warum Birnbäume zu den Rosengewächsen zählen. Linné muß sich seine Klassifikation im Frühling ausgedacht haben, zu einer Zeit also, da alle Pflanzenteile noch wie eine Miniatur oder wie eine Kalligraphie anmuten und ihre sparsam ziselierten Merkmale deutlich erkennbar sind. Hin und wieder klart der Himmel auf. Das frische Gras reckt sich in die Höhe, und das Tränende Herz scheint die für seine zarten Blätter idealen Temperaturen zu genießen. Seine weiß und rosa schimmernden Köpfchen schaukeln grazil an den Stengeln.

Nach dem Dauerregen ist das Gras schon so hoch wie sonst erst im Mai. Die Tulpen unter den Kirschbäumen haben zwischen den Ranunkeln und den Lichtnelken kaum Platz. Dieses Jahr möchte ich einen lang gehegten Plan verwirklichen und einige Streifen mit hohem Gras stehenlassen, statt es komplett abzumähen. Dies nicht nur, um Zeit und Mühe zu sparen, sondern auch aus dekorativen Gründen. Ich möchte mich an den Wiesenblumen erfreuen. Ich ziehe mit dem Rasenmäher Wege an den Jungpflanzen entlang, damit sie nicht im Eifer des Gefechts untergemäht werden, also neben den Eschen und Linden in meinem Westwäldchen und neben den schon etwas höheren, doch noch dünnen Oliven und Obstbäumchen, die kaum mehr als zarte Stöcke sind. Die langen Gräserstreifen in meinem Wäldchen folgen in ihrer Unregelmäßigkeit der Anordnung der Bäume. Wenn das Gras so hoch ist wie ich, wird es sein wie in einem Dschungel. Im Olivenhain dagegen, wo die Pflanzen nach einem gleichmäßigen Muster verteilt sind, verlaufen auch meine Streifen geradlinig wie langgestreckte Rechtecke. Noch fehlt mir die Kraft für weitere Projekte. Ich habe einen neuen Gemüsegarten und einen neuen Obstgarten und dazu nur wenig Hilfe. Ich brauche allein drei Tage, um das Gras zu mähen. Im kommenden Jahr werde ich ein Feld pflügen, um Gräser und Getreide zu säen: Weizen, Gerste und Emmer und dazwischen Mohn und Kornblumen. Diese wogenden grünen Flecken werden im Juli mit dem verlorenen Blau der zerzausten Kornblumen, die es erst zu entdecken gilt, wunderschön sein. Heute muß ich nur noch im Ostwäldchen mähen. Dort gibt es bereits einige große Bäume mit dickem Stamm. Ich lasse das Gras an ihrem Fuß stehen, denn von weitem ist es ein schöner Anblick, wie sie so über einem Meer aus gelben Ranunkeln thronen. Ich ziehe die Wege nicht so dicht an den Bäumen vorbei, damit ich sie auf meinen Streifzügen in ihrer ganzen Größe bewundern kann.

Es wird lange dauern, bis der Boden auf meinem Hof wirklich feucht, locker und humushaltig ist. Doch in meinem eigentlichen Gemüsegarten sind bereits Fortschritte erkennbar. Dort ist die Erde schon bearbeitet. Auf meinen Feldern dagegen sieht man gleich, wo sich das Wasser staut; dort wächst nämlich Sauerampfer. Oder wo Schutt vergraben liegt; dort wuchern dann Brennesseln, die zur Gesundung des Bodens mit ihren langen, starken Wurzeln eifrig im Untergrund arbeiten. Doch in meinem Gemüsegarten gibt es inzwischen weder Ampfer noch Quecken. Trotzdem glaube ich nicht, daß ich schon triumphieren kann. Bestimmt liegen noch irgendwo einige abgebrochene Wurzeln auf der Lauer, um sich bei der erstbesten Gelegenheit erneut auszubreiten. Doch allmählich werden die Gründüngerpflanzen wie Hahnenkamm, Luzerne und verschiedene Kleesorten ihr Werk tun. Danach wird es ein Vergnügen sein, im Gemüsegarten zu arbeiten und zuzusehen, wie er sich selbst ernährt und er auch die gierigsten Pflanzen wie Kohl und Kürbisse zufriedenstellt. Es wird seine Zeit dauern, bis ich zu diesem goldenen Zeitalter vorgestoßen sein werde. Soviel Zeit, wie Birnbäume zur Ausbildung ihrer knorrigen Stämme brauchen. Ich werde im nächsten Herbst welche als Schutzwand rings um den Gemüsegarten pflanzen, um ihn vor der Julisonne zu bewahren und zudem im Laufe der Zeit saftige Birnen zu ernten. Vor einem Jahr um diese Zeit war der Garten noch öde, und ich hatte nichts als die nackte, graue Schütterde aus einer x-beliebigen Baugrube. Zwar lugten bereits damals wie grüne Punkte die ersten Keimblätter aus der frischen Saat hervor, doch man mußte schon genau hinsehen, um sie zu erkennen. Ich hatte sofort mit der Bepflanzung begonnen, doch das war viel zu früh gewesen. Die Tomatenpflänzchen und die Kürbisse, die ich in meiner überschwenglichen Freude darüber gekauft hatte, daß meine Beete endlich angelegt und mit Erde aufgefüllt waren, hatte der Frost in nur einer Nacht zerstört. Lediglich eine einsame Kohlpflanze, einige robuste Salate und vielleicht die Gartenwicke und die Zwiebelknollen in der Erde hatten durchgehalten. Dieses Jahr bin ich geduldiger. Ich warte mit dem Pflanzen bis April.

April

Der Ziergarten als Vorübung zum Gemüsegarten · Selbstgenügsamkeit · Der Garten als Kriegsschauplatz · Der Mond · Borretsch und Brennesseln · Ein wütender Eingriff · Erde anhäufeln · Sich öffnende Knospen · Der Weidenbohrer · In Venzano · Der Garten von Paul und Gil · Und der ihres Bauern · Frost · Erkundung im Regen · Weintrauben für die Pergola und Heckenrosen · Befestigung mit Weidenruten · Hagel · Widerspenstige Pflanzen · Spinat, Hahnenkamm und Süßklee · Schneckenliebe · Pikierarbeiten · Gräser · Pflanzennamen · Samen und Regen

Ich habe zwar von Anfang an Gemüse angebaut, doch daß ich in den ersten Jahren schon einen richtigen Gemüsegarten gehabt hätte, kann ich nun wirklich nicht behaupten. Meine Arbeit im Freien hat mit dem Ziergarten begonnen. Bei seiner Gestaltung kann ich mich ganz nach meinem Geschmack richten, denn er soll einfach nur schön sein und mir Gelegenheit bieten, an der frischen Luft umherzuschlendern, zu lesen und zu essen. Der Ziergarten ist eine Vorübung, eine erste Kostprobe möglicher Freuden. Der Gemüsegarten dagegen soll Nahrung liefern. Der erste Kontakt mit ihm ist hart, mehr ein Zusammenprall als eine Begegnung, es ist, als verließe man den Kokon sentimentaler Schutzmechanismen, der uns von den Realitäten der Erde trennt. Eine abstrakte Liebe zur Natur genügt hier nicht. Diese Liebe muß aktiv sein, muß nehmen und geben. Es kommt der Moment, da die eigene Ernsthaftigkeit auf die Probe gestellt wird. Ist man wirklich bereit, sich ganz der Landarbeit zu verschreiben? Auf das leichte Leben eines Menschen zu verzichten, der sein Essen im Laden kauft? Was für ein Schreck. Es ist, als stellte man einen Glauben in Frage. Als müßte man beweisen, daß nichts von dem, was man hinter sich gelassen hat, für das Glück unerläßlich ist und daß man sich ohne Bedauern einem Stück Land widmen kann. Ein Nutzgarten schränkt die Freiheit noch viel mehr ein als ein Ziergarten. Er verlangt tägliche Anwesenheit und Arbeit. Man muß seßhaft werden.

Einen Gemüsegarten zu bestellen, ist der erste Schritt, um zu spüren, daß unsere Nahrung direkt aus der Erde kommt. Sie wird zu etwas, dessen Ursprung wir kennen und das wir bei Bedarf reproduzieren können. Es ist beruhigend, auf diese Weise zu wissen, wovon wir uns ernähren. Bei dem Impuls, uns an den Tisch zu setzen, fällt uns nicht als erstes der Supermarkt ein, sondern wir sehen nach, was es draußen im Garten gibt. Manchmal erschrecke ich sogar, wenn ich vor meinen vier Gemüsefeldern stehe, dieser idealen Ergänzung meines Blumengartens, und dann vor den beiden mit Buchsbaum umrandeten Beeten, auf denen ich anfangs mein Gemüse gezogen hatte und die im Vergleich zum richtigen Nutzgarten ein Witz sind. Wenn ich früher eine selbstangebaute Fenchelknolle aß, sagte ich mir einfach zufrieden: Die habe ich gemacht. Heute ist das anders. Auf den beiden buchsbaumgesäumten Beeten baue ich nur noch Gewürzpflanzen an, ausdauernde Sorten wie Raute, Thymian und Wiesensauerampfer, der sich besonders gut zum Würzen von Salaten eignet. Dazu einjährige Pflanzen wie Estragon, Dill, Koriander und Basilikum. Aromen, die sich nicht im Rohzustand, sondern erst in der Küche so richtig entfalten.

Was habe ich bisher geschafft? In den vergangenen Monaten wurde das erste Feld, das ich für den Gemüseanbau geplant hatte, umgegraben, sein Boden mit Kuhmist vermischt und dann mit Stroh abgedeckt. Danach war das

Feld Kälte und Regen ausgesetzt. Nun, in diesen ersten sonnigen Apriltagen, ist es fertig für die Aussaat. Ich werde es in fünf Beete mit einer Länge von 1,20 Meter unterteilen, die durch Wege getrennt sind und in der Mitte eine Reihe für kletternde Gemüsesorten haben. Diese Präzision wird mir später viel Arbeit ersparen. Aus meinen früheren chaotischen Erfahrungen weiß ich, daß man die Pflanzen nicht willkürlich anordnen sollte, es sei denn, man wollte eine halbe Ewigkeit damit verbringen, die Pflanzen einzeln auszuputzen. Der Gemüsegarten muß wie eine kleine Armee aufgebaut sein – mit Bataillonen, Kompanien und Kampfeinheiten, die streng getrennt in Stellung gebracht werden, damit man rechtzeitig und ohne Verluste gegen den Erzfeind des Gartens, das Unkraut, vorgehen kann. Dieses militärische Bild kam mir wahrscheinlich wegen der Invasion der Schnecken in den Sinn, die bereits über die jungen Knospen und die zarten, frischen Blätter hergefallen sind.

Heute habe ich mit Grazianas Hilfe auf dem ersten Beet gesät. Bevor wir anfingen, fragte sie mich nach der Mondphase. Er nehme zu, antwortete ich. Stimmt, das hatte ich ganz vergessen. Der Mond sollte das erste sein, was man bei der Aussaat berücksichtigt.

Seit einem Monat ernähre ich mich von Borretsch und Brennesseln. In meinem Garten wächst noch nichts, da ich den Beginn des »ständigen Fruchtwechsels« immer wieder hinausschiebe. Doch es gibt genügend Kräuter in freier Natur. Man kann sie von Januar bis April ernten und manchmal auch im sogenannten »zweiten Frühling« von Oktober bis November. Ich komme mir sehr clever vor, weil ich dieses ganze Gemüse zur Verfügung habe, ohne auch nur einen Handschlag für den Anbau getan zu haben.

Heute morgen ist Giancarlo gekommen. Ich frage ihn, wie er meinen Gemüsegarten findet. Er schüttelt den Kopf, doch er ist ein unverbesserlicher Dickschädel und widerspricht sowieso bei jeder Gelegenheit. Man könnte meinen, er macht das aus Prinzip. Er sagt, man lege einen Gemüsegarten doch nicht nach geometrischen Regeln an. Außerdem würden Gurken nicht ranken (auch die russischen nicht?), und die Bohnen bräuchten ein Spalier. Und schließlich seien die Tomatenstützen, wie ich sie auf Beet 1c aufgestellt habe, denkbar ungeeignet (Giancarlo verrate ich natürlich nicht, daß das Beet auf meiner Lageskizze so benannt ist). Hier seien statt dessen mehrere Stäbe im Verbund nötig, also zwei Stangen, zwischen die eine starke Schnur gespannt werde, gegen die man alle dreißig Zentimeter einen Stab lehne, einen pro Tomatenpflänzchen. Der Abstand zwischen den Pflanzreihen solle dabei vierzig Zentimeter betragen. Na, wenn das keine Geometrie ist, denke ich im stillen. Nur daß sie eben Giancarlos Geometrie ist, und die ist für ihn normal. Er greift zur Hacke und zieht ohne viel Federlesens, dafür aber mit einem nicht zu bremsenden Eifer, um nicht zu sagen: mit vernichtendem Ungestüm, die Rillen so, wie er sie sich vorstellt. Meine Proteste verhallen ungehört. Im Handumdrehen habe ich nun zwei Furchen. Sie sind zwar nicht besonders gerade, aber sei's drum. »Die sehr frühen Pflanzen müssen angehäufelt werden«, sagt Giancarlo. Ich erkundige mich, ob er damit meint, daß man sie mit Erde bedecken soll. »Bei uns heißt das ›anhäufeln‹.« Nun gut, für's erste habe ich verstanden. Später werde ich es mir genauer erklären lassen. Ich drehe mich um und will nachsehen, wie sehr er meinen ursprünglichen Plan über den Haufen geworfen hat. Doch ich bin überrascht. Wenn auch nicht absichtlich, so hat er das Beet doch genau richtig angelegt. (»Mir gefällt der Garten sowieso nicht besonders«, teilt er mir noch mit, nachdem er die Samen sorgfältig festgetreten hat.) Als er mit seinem wütenden Eingriff auf meinem Gemüsefeld fertig ist, geht er die Rosen düngen. »Hier ist zuviel Unkraut, ich weiß überhaupt nicht, wie ich den Dung abdecken soll«, beschwert er sich. Keine Sorge, antworte ich, wir nehmen die Grasmahd dazu. Tatsächlich ist vom Rasenmähen viel Heu übriggeblieben, mit dem wir nun den Mist abdecken können. In diesem Jahr haben wir die Rosendüngung abgeschlossen, das heißt, im nächsten kommen wir ohne aus.

An der Akazie, die bis gestern noch keine Knospen hatte, sind zwischen den braunen Dornen frische Triebe zu sehen. Sie haben das Holz durchbrochen und den Scheintod besiegt. Daher heißt es wohl, der Stab des heiligen Johannes sei aus Akazienholz gewesen, was aber auch bedeutet, daß sein Austreiben, als er schon vertrocknet zu sein schien, gar kein Wunder war. Es gibt unzählige neue Lebenszeichen: der Feldahorn hat noch vor den Laubblättern blaßgrüne Blütentrauben angesetzt. Die Linde läßt ihre frisch geöffneten Blätter wie Pendel hängen. Die Zweige des Traubenholunders biegen sich elegant und wiegen die cremefarbenen Rispen ihrer Blütenstände. Bei meinem Spaziergang nach den vielen Regentagen durch das unbändig gewachsene Gras sind meine Hosen schnell durchnäßt. Die junge Mischhecke ist unter dem hohen Gras völlig verschwunden. Ich werde es ringsum mähen müssen und die Hecke mit Stäben markieren, damit sie wieder sichtbar wird. Endlich sprießen auch die Blätter der Pfingstrosen aus der Erde. Da der Boden während des langen Winters immer so tot aussieht, fürchte ich jedes Jahr aufs neue, daß sie nicht wiederkommen. Unter der Hagebuttenhecke leuchten in rötlichen Farben fransige Tulpen. Mit einem Windstoß erhebt sich ein Wirbel weißer Kirschblütenblätter. Ich gehe mit weit offenen Augen durch die Natur. In dieser Jahreszeit ist jedes Blatt noch fein ziseliert und von einer kaum geöffneten Knospe umrahmt. Ich pflanze mit Giancarlo ein Olivenbäumchen, um ein abgestorbenes zu ersetzen. »Warum es wohl eingegangen ist?« »Tja, wir werden sehen.« Als wir es aus dem Pflanzloch ziehen, wissen wir, warum. Es war der Weidenbohrer. Er hat den zarten Stamm direkt unter der Krone ausgehöhlt und nur eine leere Hülle übriggelassen. So ist der Baum vertrocknet. »Das habe ich gar nicht bemerkt. Dabei habe ich die Stämme genau inspiziert.« »Eben deshalb muß man die Oliven unbedingt düngen«, sagt Giancarlo. »Sie schaffen es sonst nicht. Wenn der aufgelockerte Boden wieder hart wird, bevor ihre Wurzeln wachsen konnten, wenn er sich also fest um sie schließt, haben sie absolut keine Chance. Sie brauchen jetzt eine ordentliche Portion Dünger, damit sie austreiben. Was haben Sie nur gegen chemische Düngemittel? Sie würden den Bäumchen richtig guttun.« Ich schüttle den Kopf. Ich habe keine Lust, immer dieselben Einwände zu wiederholen: Was wäre dann mit den nützlichen Insekten und den Spinnen? Außerdem gehen organische Stoffe mit synthetischen keine Verbindung ein. Es würde eine Art Unverträglichkeit entstehen, doch das alles zu erklären, wäre viel zu kompliziert. »Sie haben doch unten im Boden genügend Dung«, antworte ich und füge sogleich hinzu: »Natürlich reichen ihre Wurzeln noch nicht so weit hinunter.« »Ich sag's ja«, trumpft Giancarlo auf, »man muß den Pflanzen helfen. Wissen Sie, die Landwirte haben gute Gründe für das, was sie tun! Ende Oktober muß man eine Lastwagenladung Dung bestellen.« »In Ordnung, Ende Oktober.« Da fällt mir ein, daß ich ja noch einen Sack Knochenmehl habe. Vielleicht sollte ich ihnen davon etwas geben. Oder ist das jetzt der falsche Zeitpunkt? Fest steht jedenfalls, daß ich langsam keine Lust mehr habe, ständig die Stützpfähle der Olivenbäume auszuwechseln. Ich kann es kaum erwarten, daß sie allein stehen können.

Jedes Jahr nehme ich mir vor: Jetzt ist Schluß mit den Pflanzenhändlern! Dann pilgere ich allen guten Vorsätzen zum Trotz doch wieder los. Diesmal kann ich mich damit herausreden, daß ich ja John und Alessandra nach Venzano begleiten muß. Die beiden decken sich reichlich mit jungen Pflanzen ein, doch ich halte mich tatsächlich zurück. Ich begnüge mich mit zwei Lackzistrosen. Diese faszinierenden Gewächse haben zarte, knittrig wirkende Blütenblätter, die sich jedoch vollkommen glatt anfühlen und mich an Mohnblumen erinnern. Ihre Blüten halten nur einen Tag und werden sofort durch neue ersetzt. Daher bieten die Zistrosen niemals einen verwelkten Anblick. Ihre Blüten sind immer frisch wie Schmetterlinge, die gerade ihren Kokon verlassen haben. Sie gedeihen in Hülle und Fülle, manchmal sogar monatelang ohne Pause. Die Blüten der Zistrosen haben oftmals einen roten oder schwarzen Tupfen und verströmen einen betörenden Duft nach Harz, der ihre Laubblätter klebrig und glänzend macht.

Paul und Gil haben einen neuen Gemüsegarten. In einem Jahr werden sie ihn bepflanzen. Die Arbeit ist sorgfältig geplant. »Wie lange hat das Umgraben gedauert, ein paar Wochen?« »Ja«, bestätigt Paul. »Das Umgraben per Hand hat viel Zeit gekostet. Ich habe mich von diesem Ort in Frankreich inspirieren lassen … Wie heißt er doch gleich?« Villandry? Nächstes Jahr wird der Garten mit einem Gewächshaus und Gemüsebeeten davor wunderschön sein, doch für mich ist das alles eine Nummer zu groß. Paul und Gil haben zwei festangestellte Gärtner. Bei ihnen tanzt nicht ein Grashalm aus der Reihe. Diese tadellose Ordnung Tag für Tag hat geradezu etwas Beängstigendes. In Gedanken vergleiche ich ihren Garten mit meinem. Ich arbeite zwar auch täglich darin, doch perfekt ist er nie. Mit Müh und Not kann ich verhindern, daß er nicht mißrät. Wenn ich manchmal wildwachsende Kräuter ausreiße, werfe ich sie kurzerhand hinter mich, anstatt sie aufzusammeln – mir fehlt die Zeit, ich schaff's einfach nicht! Solange ich nicht zum Rasenmäher greife, wirkt mein Ziergarten nun unordentlich. Die Tage, an denen er sich frisch gemäht und gejätet sehen lassen kann, sind eher die Ausnahme. Ich tröste mich damit, daß es irgendwann, wenn die Pflanzen größer sind, leichter sein wird, ihn zu pflegen. Nach meiner Rechnung müßte meine Arbeit in dem Maße abnehmen, wie ich älter werde. Im Moment bin ich noch in der Aufbauphase. Was tut es da schon, daß die Grube in meinem Ostwäldchen, in die ich Äste, Zweige und gemähtes Gras werfe, wie eine Müllhalde aussieht? Die Sträucher sind noch klein. Sie berühren sich noch nicht einmal. In fünf Jahren wird alles in Ordnung sein, alles so, wie ich es geplant habe, und von der Grube wird keine Spur mehr zu sehen sein. Dann werde ich mit dem Rasenmäher darüberfahren können. Den Gemüsegarten dagegen habe ich nicht von Anfang an ordentlich angelegt, was mir heute ein bißchen leid tut. Wenn Guido das nächste Mal kommt, werde ich ihn bitten, eine schärfere Grenze zwischen Grasland und Beet zu ziehen. Ein klarer Schnitt ist bei einem Nutzgarten wirklich eine Freude und vermittelt das tröstliche Gefühl, daß es doch nicht so schwierig ist, den unwägbaren Prozeß aufzuhalten, der den Garten wieder in Wildnis verwandelt. Außerdem sind genau abgesteckte Grenzen überaus bequem. Es ist, als hätte man es mit einem Schutzwall zu tun und würde genau wissen, wo man nachlassen kann und wo man auf klare Trennungen achten muß.

Das ideale Verhältnis zwischen Ordnung und Unordnung habe ich einmal südlich von Rom im Garten von Ninfa gesehen. Dort ist die ursprüngliche Anlage noch so deutlich zu erkennen, daß sie ein paar scheinbare Fehler erlaubt: den Löwenzahn, der sich zwischen den Buchsbaum geschlichen hat, und die Ackerwinde, die an einem Rosenstrauch hochrankt. Doch mein Ziergarten ist noch nicht richtig in Schuß: Er ist noch sehr jung und hat noch keine gefestigte Struktur, die eine bestimmte Gestalt erkennen läßt und zugleich jene gewisse Nachlässigkeit tolerieren kann, die so aussieht, als könnte man bei der Gartenarbeit nie auf frischer Tat ertappt werden.

Vorläufig ist der neue Gemüsegarten von Paul und Gil noch eine Komposition aus schwarzen Plastikplanen, die darauf wartet, enthüllt zu werden. Ganz anders dagegen der Garten ihres Bauern, der in gestalterischer Hinsicht wahrlich nichts Besonderes ist: ein großes, frisch gefrästes Feld, das allerdings mit seinen Saubohnen, Erbsen und Kartoffeln in sorgsam aufgehäufelten, ordentlichen Reihen appetitanregend wirkt. Am besten gefällt mir die Reihe mit den Erbsen, die an den Ästen vom Baumschnitt hochranken sollen. Das ist sehr hübsch, wie der Wald von Macbeth, und außerordentlich praktisch. Die Erbsen finden genug Halt zum Ranken, und die Äste sind keine Fremdkörper wie etwa ein Plastikgestell es wäre, das am Ende weggeworfen wird und nur zusätzlichen Müll verursacht. Schade, daß ich dieses System nicht sofort übernehmen kann. Mein Wäldchen und meine Hecke sind noch viel zu klein. Wollte ich sie jetzt beschneiden, um Stützen für meinen Gemüsegarten zu bekommen, würde ich die Pflanzen umbringen. Doch ich merke mir diesen Trick für die nicht all zu ferne Zukunft.

Schreck laß nach! Die Temperaturen sind schlagartig in den Keller gefallen, in den Apenninen schneit es, sogar Volterra liegt unter einer Schneedecke! Arktische Temperaturen, melden die Zeitungen, und wie immer übertreiben sie. Doch es ist wirklich kalt, auch wenn man es bei der Arbeit mit der Hacke nicht so bemerkt. Die Weinstöcke haben Schaden genommen. Die erfrorenen Reblinge hängen kläglich herunter. Ich nehme einen in die Hand. Er ist schlaff, hat die Farbe welken Suppengrüns und tut mir in der Seele leid. Wir werden sehen, ob er sich erholt, wenn es wärmer wird, doch ich glaube es eigentlich nicht. Bleibt nur die Hoffnung auf die Reserveknospen.

Es regnet. Wer weiß, ob ich unter diesen Umständen morgen mit Guido den Gemüsegarten umgraben kann. Trotzdem gefällt mir der Regen. Mit Jacke und Halstuch, Gummistiefeln und Schirm streife ich durch mein Gehöft. Loszuziehen, um mir etwas anzusehen, war schon immer meine Welt. Es ist mir ein Bedürfnis, meinen Rundgang zu machen, um den Pflanzen guten Tag zu sagen. Was keineswegs sinnlos ist, denn dabei sehe ich auch, was alles getan werden muß. Das Gras rings um die Rosen an der Gartenmauer und auch an den Rosen der nördlichen Hecke muß gemäht werden. Außerdem muß ich die schon vier Jahre hintereinander verschobene Fahrt nach Budrio nachholen, um mir endlich die Blüte des sogenannten Zarenflieders anzuschauen. Ich möchte fünf oder sechs Sträucher davon mitnehmen, um hinter der Buchsbaumhecke des kleinen Blumengartens einen zweiten Zierstreifen anzulegen, der dann im Frühjahr rosa, blau und violett blühen wird. Wie es allerdings mit den Weinpflanzen weitergehen soll, weiß ich noch nicht. Sie sind ziemlich matt und haben sich vom Frost dieser Tage ganz und gar nicht erholt.

Die *Luglienga* ist, wie ihr italienischer Name schon sagt, eine Rebsorte, die im Juli reift. Heute morgen ist Giancarlo gekommen und hat auf dem Terrassenbeet ein Loch für sie gegraben. »Hier würden sich zwei weitere Weinstöcke gut machen, die an der Pergola hochranken könnten.« Er zeigt mir die Stellen, die er meint. »Man sollte Trauben nehmen, die zu verschiedenen Zeiten reifen, zum Beispiel *Fragola Bianca* und die dunkelroten *Cardinale.*« Mit dem Bau der Pergola, erklärt er, könne ich getrost noch warten. Mir soll es recht sein. Ich habe nämlich noch nicht entschieden, ob sie aus Holz oder aus Eisen sein soll. Doch schon jetzt, beim Anblick dieses kleinen Weinstocks an der Küchentür, finde ich, daß der Ziergarten nun freundlicher aussieht, nicht so eitel wie diese Gärten, die nichts, wirklich absolut nichts Eßbares zu bieten haben. Wie würde ich ihn wohl heute anlegen, wenn ich noch einmal bei Null anfangen könnte? Wahrscheinlich würde ich statt der Rosenhecke etwas anderes nehmen, vielleicht zwei Reihen Wein, auf jeden Fall aber Pflanzen, die in irgendeiner Form eßbar sind, auch wenn sie vor allem schmücken und in ein geordnetes Bild passen sollen. Obwohl es meinem kleinen »ordentlichen« Ziergarten wegen meiner anfänglichen Unerfahrenheit beim Anpflanzen der Heckenrosen nun an köstlichen Hagebutten mangelt, ist er gar nicht so übel. Er hat zwei Quittenbäume und zwei Beete mit Heil- und Gewürzkräutern. Doch welche Rebsorten könnte ich noch pflanzen? Meine Freundin Maria Grazia, eine Landschaftsgärtnerin, ruft mich an und reißt mich aus meinen Überlegungen. Bei der Gelegenheit frage ich sie um Rat. »Nimm *Chasselas*«, sagt sie. »*Chasselas*?« Nie gehört. »Das ist eine wunderbare Rebsorte mit rosa Beeren.« »Wo hast du sie her?« »Wenn ich das noch wüßte!« Nun, ich werde sie schon finden. Ich blättere in verschiedenen Katalogen. Monti führt in seinem Katalog für alte Fruchtsorten aus unerfindlichen Gründen keine Weinstöcke, obwohl er sie in reicher Auswahl anbietet – in der Gegend um Lucca ist das schließlich kein Wunder. Ugo Fiorini hat dagegen eine ganze Reihe alter Rebsorten, doch *Chasselas* ist nicht dabei. In seinem Katalog stoße ich auf den *Baresana* mit seinen perlweißen, runden Beeren, »schlicht und süß im Geschmack«, reif im September; und auf den *Almeria*, »schlicht und delikat«, der Ende Oktober reift und »auch längere Zeit gelagert werden kann«. Das hört sich gut an: Weintrauben im Juli, im September und im Oktober. Aber wäre angesichts der Tatsache, daß ich im September schon den ganzen anderen Wein habe, nicht eigentlich eine Sorte angeraten, die im August reift?

Ich schlage mit Giancarlo zusammen die Stöcke für das Tomatengestell in den Boden. Danach verbinden wir sie untereinander mit verzinktem Eisendraht. Wir brauchen noch Stäbe. Graziana geht welche holen. »Wieviel?« Tja, ich weiß nicht so genau. »Wieviel Tomatenpflanzen sind es denn?« Ich rechne kurz nach. Vierundzwanzig. »Also brauchen wir vierundzwanzig Stäbe.« »Wieso, genügt denn einer pro Pflanze?« »Ja, natürlich, ein Stab pro Tomatenstaude.« Ich weiß zwar nicht warum, doch ich hatte mir das Gestell so vorgestellt, daß die Stäbe an dem Draht eine Wand bilden wie bei einer richtigen Hütte. Als Graziana mit den Stäben zurückkommt, binden wir jeden einzeln an. Giancarlo hat dazu extra Weidenruten mitgebracht. Er zeigt mir, wie man das macht. Beim vierten Versuch gelingt es mir halbwegs, doch ob ich es schon richtig kann, wird sich erst zeigen. Ich bin mit meinen Händen nicht so geschickt wie er mit seinen langen Fingern und kräftigen Nägeln, die schon seit der Kinderzeit mit dem Spiel vertraut sind, Weidenruten zu einem unauflöslichen Knoten zu schlingen. Abgesehen von der erforderlichen Fingerfertigkeit ist der Trick, die Stäbe mit Weidenruten zu befestigen, überaus praktisch, denn so kann man auf Gummibänder verzichten, die später, wenn man sie nicht mehr braucht, nur für Unordnung sorgen, da es viel zu mühsam ist, sie einzeln zu entsorgen.

Wasser schwebt vom Himmel, als wäre es schwerelos. Ein sanfter, schräger Sprühregen wie ein Dunsthauch auf den Berghängen. Vor kurzem prasselten, leicht wie Reis, noch winzige Hagelkörner nieder. Ab und an läßt mich ein kalter Windstoß erschauern. Dazu hellblaue Risse in einem bleiernen Himmel. Auf den wolkendunklen Feldern scheinen Flecke von jungem Grün auf.

Guido kommt zu mir. Ich bitte ihn, meinen einzigen überlebenden Goldregen umzusetzen. Um ihn von meinem Schlafzimmerfenster aus sehen zu können, hatte ich ihn an einen kleinen Hügel gepflanzt, wohl wissend, daß er einen entwässerten Boden bevorzugt. Doch das genügte nicht. Bekanntlich braucht Goldregen steinige Böschungen, um zu gedeihen und sich mit lichtgelben Blütentrauben zu schmücken. Wir setzen ihn an meine einzige Böschung, einen Schuttberg am Fuß der Steineiche. Es wird sich zeigen, ob er nun eingeht, weil er zur falschen Zeit umgepflanzt wurde oder eher deswegen, weil er jetzt einen ungünstigen Standort hat. Warten wir es ab, vielleicht überlebt er ja auch. Es gibt derzeit zwei Pflanzen, die sich erfolgreich weigern, auf meinem Hof zu wachsen: der Kapernstrauch, von dem mir schon fünfzehn Exemplare eingegangen sind, und der Goldregen, bei dem sich die Zahl der Verluste auf insgesamt vier beläuft. Was aus dem Johannisbrotbaum und aus dem Kampferbaum wird, kann ich noch nicht sagen. Sie sehen mitgenommen aus, könnten es aber schaffen und sich eingewöhnen. Auch die Morishima-Akazie ist mir eingegangen. Masanobu Fukuoka empfiehlt, diesen Baum zwischen Obstbäume zu pflanzen, damit er den Boden in der Tiefe mit Stickstoff versorgt. Einer von Fukuokas unerschrockenen Anhängern aus der Gegend von Arezzo hatte mir ein Exemplar geschenkt. Bei ihm waren diese Akazien noch im selben Jahr abgestorben, in dem er sie gepflanzt hatte. Mein Baum gab im ersten, recht milden Winter noch Anlaß zu Hoffnung. Doch dieses Frühjahr mit seinen Spätfrösten hat er nicht überlebt.

Heute jedoch scheint eine warme Sonne. Damit der Boden vormittags etwas abtrocknen kann, säe ich die Mischung aus Spinat, Hahnenkamm und Süßklee erst am Nachmittag. Ich streue den Samen breitwürfig auf den unebenen Boden und harke ihn dann in die Erde. Ich verteile auch etwas Stroh, doch nicht zuviel, da sonst die Saat nicht aufgehen kann. Ich nehme nur soviel, wie nötig ist, um anderen, vom Wind angewehten Samen abzuschrecken. Anschließend gieße ich, um die Keimung zu beschleunigen. Unter den wärmenden Strahlen der Frühjahrssonne wird die Saat zum Leben erwachen, bevor Ameisen und Vögel sie fortschleppen können.

Ich sehe nach, was im Gemüsegarten wächst. Die Bohnen strecken ihre ersten Blättchen aus dem Boden. Ein Stiel ist vollkommen kahl. Hier muß eine Schnecke vorbeigekommen sein. In diesem Jahr sind die Schnecken eine richtige Landplage. Bei dem vielen Regen haben sie sich in einer Orgie der Fortpflanzung und Fruchtbarkeit kräftig vermehrt. Zwei von ihnen überraschte ich bei der Paarung – Fuß an Fuß, Schleim an Schleim. Eine schlüpfrige Geschichte. Sie verlustierten sich zwischen meinen Iris. Ich konnte der Versuchung nicht widerstehen, sie mir genauer anzuschauen, und zog sie ein wenig auseinander. Es ist nicht erkennbar, welches das Männchen und welches das Weibchen ist. Die Schnecken waren mit seltsamen Tentakeln und weißlichen Kanälen ineinander verschlungen. Ich hätte ihrer Nachkommenschaft schon während der Empfängnis den Garaus machen können, doch es behagte mir nicht, dieses Liebesspiel so brutal zu unterbrechen. Sie revanchierten sich auch dafür. Sie vertilgten meinen ganzen Salat von der ersten bis zur letzten Pflanze. Als Zeichen ihres verheerenden Besuchs prangt über dem Wurzelhals statt der Blätter jetzt nur noch ein leerer Fleck auf dem braunen Boden.

Doch in einem war ich durchaus erfolgreich: bei der Aussaat von Dill und griechischem Basilikum in Blumentöpfen. Die Pflänzchen gingen auf, so daß ich vor einigen Tagen damit beginnen konnte, einen Teil davon zu pikieren. Sie sind so zahlreich gewachsen, daß ich eine Gärtnerei damit eröffnen könnte, die man im Englischen übrigens zu Recht *nursery* (Kinderhort) nennt. Nachdem ich einen Erdklumpen voller junger Pflänzchen mit unzähligen kleinen Blättern vom Rest der Aussaat getrennt hatte, setzte ich ihn auf ein Maurerbrett mit leichter Anzuchterde. Vorsichtig nahm ich jedes Pflänzchen von oben und achtete sorgfältig darauf, den dünnen Stengel und die zarten Wurzeln nicht zu verletzen. Ich hatte das Gefühl, mit winzigen Pflanzenembryos zu hantieren, die in der Anlage bereits über alle Organe einer ausgewachsenen Pflanze verfügen, jedoch so zart und zerbrechlich sind, daß ein Nichts genügte, um sie zu zerstören. Man könnte sie zwischen den Fingern zerreiben, ohne daß auch nur eine Spur von ihnen übrigbliebe. Diese Embryos – oder besser: Neugeborenen, denn schließlich hatten sie die Erde, die sie hervorbrachte, schon verlassen – pflanzte ich in kleine Töpfe und stellte sie vor das Haus auf die Backsteinterrasse, weil ich annahm, daß dort die Schnecken nicht hinkämen. Doch weit gefehlt! Auch dort wurden die Pflanzen weggeputzt. Offensichtlich sind sie für Schnecken eine wahre Delikatesse. Ich sah mich suchend um und entdeckte unter der Steinbank einige Eichenblätter, die der Wind herübergeweht hatte. Dort hatten die Schnecken Unterschlupf gefunden. Ich ergriff sie und bürgerte sie aus, allerdings braucht es wirksamerer Methoden, um die jungen Pflanzen zu schützen.

Dafür zeigt sich überall dort, wo ich nichts gesät habe, alles in herrlichster Pracht. Das kräftige Getreide auf dem Feld steht hoch und ist durchsetzt von Blumen und Grün. Wenn sich der Wind erhebt, wogen die Halme. Ich kann nicht behaupten, daß mich dieses Getreide ernährt. Trotzdem ist es eine Freude, auf den gemähten Wegen entlangzuspazieren und die reifen Köpfe der Gräser zu bewundern.

Es gibt eine ganze Pflanzenterminologie, die ich nicht kenne. Das verschlägt mir die Sprache und frustriert mich, denn ich fürchte, daß ich das, was ich sehe und empfinde, in seiner Unmittelbarkeit immer nur mit dem Pinsel und der Farbpalette ausdrücken kann, und dann eher mit Aquarellen als mit Ölbildern. Ich würde es gern auch in Worte fassen, doch die Worte fehlen mir. Ich suche sie in den drei Bänden der *Flora d'Italia* von Pignatti. Auf den ersten Seiten finde ich die Schlüssel zur Erkenntnis. Alessandra, die Naturwissenschaften studiert hat, greift in Zweifelsfällen immer zum Pignatti und identifiziert damit jede beliebige Pflanze im Handumdrehen. Fürs erste habe ich mir den Schuber mit den drei zentnerschweren Bänden zwar gekauft, bin aber noch nicht darin geübt, auch damit umzugehen. So wollte ich etwa den Namen eines wunderschönen Grashalms mit rötlicher Ähre herausfinden. Doch von wegen! Manchmal sind die Erkennungsmerkmale zur Unterscheidung der Arten mikroskopisch klein. Ich beschäftige mich mit den Unterschieden zwischen Ähren und Rispen und lerne einiges über die Terminologie dazu, doch ich bin immer noch nicht schlauer als vorher. Die Abbildungen sind ausgesprochen nüchtern und rigoros in Schwarzweiß gehalten. Dabei haben gerade die Getreidepflanzen phantastische Farben: Unter der Lupe zeigt sich in der Struktur eines Gobelins ein ins Violett spielendes Rosa im Kontrast zum Hellgrün der Rispe. Fasziniert betrachte ich dieses vergrößerte Bild, komme jedoch mit der Bestimmung der Pflanze keinen Schritt weiter. Ich werde Alessandra bitten müssen, mir Unterricht zu geben.

Von den Bohnen abgesehen, entdecke ich im Gemüsegarten kein weiteres Lebenszeichen. Das erzähle ich Massimo. Er vermutet, daß meine Aussaat im Aprilregen verfault ist. Wieder etwas, was ich noch nicht wußte: Wenn die Sonne nicht rechtzeitig kommt, um die Samen zu wärmen und sie keimen zu lassen, vermodern sie im Boden. Aus diesem Grund sät man lieber nicht direkt im Freiland aus. Schließlich kann man nicht wissen, wie das Wetter wird. Keine Frage, ich muß nun Pflanzen beim Händler kaufen. »Wenn's viel regnet am Amantiustag, ein dürrer Sommer folgen mag«, rezitiert Graziana, als ich ihr von meiner mißlungenen Aussaat erzähle. Aber was hat diese Bauernregel mit meinem Saatgut zu tun?

Mai

Erster Mai in Fornaci · Viel zu schwül, um auch nur einen Finger zu rühren · Eine Ruhepause · Lateinische Nomenklaturen · Paarung der Obstbäume · Die ersten Glühwürmchen · Rosen · Zeichnen · Der Lago di Massaciuccoli · *Der Schweizerische Robinson* · Ewig in Verzug · Die Mariendistel · Das Pikieren der Kardonen · Wilder Fenchel · Nach Rosen und Pfingstrosen · Okra · Guido gräbt Tiefbeete für das zweite Gemüsefeld · Amseln

Jedes Jahr am ersten Mai findet in Fornaci di Barga ein Bauernmarkt statt, wo ich mich mit Massimo und Giovanna verabrede, um Pflänzchen für den Gemüsegarten zu kaufen. Das wäre dieses Jahr eigentlich nicht nötig gewesen, doch da meine Saat nicht aufgegangen ist, muß ich mit Asche auf meinem Haupt doch wieder Pflanzen kaufen, die andere gesät haben. Ich nehme einfache Studentenblumen in Gelb und Orange. Sie sind die Sündenböcke des Gemüsegartens, denn sie werden als erste von den Schnecken verschlungen und ihnen regelrecht zum Fraß vorgeworfen. Ich kaufe auch ein paar rote Dahlien, einige kleine, buschige Zinnien, einen Johannisbeerstrauch und »alte«, stark duftende Nelken in kräftigem Rosa. Fornaci liegt an der Kreuzung der schönsten Straßen in der Garfagnana. Nach dem Einkauf machen wir zum Essen in dem kleinen Ort Perpoli Rast, um anschließend nach Sassi und Eglio aufzubrechen, zwei Dörfchen an den Hängen des Monte d'Anima, etwas weiter nördlich des Pania Secca. Als wir die Berghänge von Sassi hinaufwandern, stoßen wir auf gelbblühende Orchideen, auf Französisches Knabenkraut, weiße Iris und die margeritenähnliche Gemswurz.

An dem unverputzen Mäuerchen, das den Feldweg säumt,

ragen gelbe Spargelstangen hervor. Oben auf dem Berg ist die Vegetation nur spärlich, weil hier Ziegen weiden. Dafür steht der Goldregen, der bei mir so gar nicht gedeihen will, in beeindruckender Blüte. Wenn ich ihn mir in seiner natürlichen Umgebung so anschaue, wo er manchmal nur in engen Felsspalten klemmt, verstehe ich auch, warum das so ist. Er ist ein bißchen wie der Kapernstrauch und bestimmt selbst, wann – und ob überhaupt – er in extremer Askese sein Leben fristen will. Wir liegen lang ausgestreckt auf dem Gipfel und genießen das Panorama, bis Giovanna eine Zecke an ihrem Strumpf entdeckt – eine Hinterlassenschaft der Ziegen. Wir machen uns wieder auf den Weg. Nachdem wir das Ziegenrevier verlassen haben, entdecken wir die nächste Blütenpracht. In dieser Jahreszeit möchte ich am liebsten ständig in den Bergen umherstreifen, um nichts von dieser blühenden Wonne zu versäumen. Der Markt in Fornaci ist nur ein Vorwand, unter dem ich mich guten Gewissens dichter ans Gebirge heranpirschen kann, denn der Marktbesuch dient schließlich dem Wohl des Gartens, den ich allerdings gerade jetzt zur Pflanzzeit gern vernachlässigen würde, um mehr spazierenzugehen.

Die ersten Maitage sind grau, bleiern, düster. Es ist unerträglich schwül. Der Himmel lastet schwer auf der Erde. Ich kann nicht im Garten arbeiten. Ich liege in der Hängematte, auf dem Bauch ein Buch, in dem ich lustlos, mißmutig und gelangweilt lese. Erst am Nachmittag bringt eine leichte Brise etwas Erleichterung. Also kratze ich ein bißchen im Garten herum und bringe die wenigen Pflanzen aus Fornaci in die Erde, dazu Auberginen und Zucchini, die ich dort einsetze, wo ich vor einem Monat die leider inzwischen komplett eingegangenen Gurken aus Murom gesät hatte. Hätte ich genügend Elan, wäre dies der richtige Tag, um die neuen Aussaaten abzuschließen. Zumal es vor Sonnenuntergang einen kurzen Regenguß gibt. Er scheint rauschend zu verdampfen, bevor er überhaupt die Erde erreicht, und erstirbt sogleich wieder. Trotzdem hätte ich gut daran getan, mich zum Säen aufzuraffen.

Heute ist schon wieder so ein drückender Tag, an dem ich, die Arme fest um mein Kopfkissen geschlungen, erwache und nicht die geringste Lust verspüre, aufzustehen. Bis sich endlich am Himmel etwas regt und sich die Spannung löst. Ich spüre einen freudigen Schauer, und meine Lungen weiten sich, als würden Flügel aus ihnen wachsen. Mit Hacke und Grubber über der Schulter gehe ich in den Gemüsegarten. Das Hacken fällt mir nicht schwer, im Gegenteil: in dem Maße, wie ich versierter werde, wächst meine Kraft.

Ich mache mit der Gartenschere am Gürtel einen Kontrollgang durch meinem jungen Obstgarten. Die Bäumchen, die immer noch kleiner sind als ich, haben unter der Krone neue Blätter und Zweige ausgetrieben, die nach meinem Dafürhalten besser entfernt werden sollten. Anscheinend geht es den Bäumen gut. Der Zitella-Apfel hat sogar eine Menge Früchte angesetzt. Wird er vielleicht seiner Fruchtbarkeit zum Trotz »Zitella« genannt, auf deutsch also »alte Jungfer«? Oder weil er schon in so jungen Jahren Kinder hat und damit als Heiratskandidat uninteressant wird? Obwohl ich es kaum erwarten kann, irgendwann in die reifen Früchte zu beißen, möchte ich nicht, daß er jetzt soviel Energie für die Nachkommenschaft verpulvert. Sie sollte lieber gezielt für das Wachstum des Baumes eingesetzt werden. Ich entferne daher alle Äpfel bis auf einen, um die junge Jungfer nicht zu sehr zu ärgern und ihren Mutterinstinkt nicht im Keim zu ersticken. Nach meinem Gefühl sind die Obstbäume weiblich, sie wirken auf mich wie Mütter mit einer großen Kinderschar. Und tatsächlich sind die Bäume, ob nun Obstbaum oder nicht, im Lateinischen alle feminin, obwohl sie durch die -us-Endung ihrer wissenschaftlichen Namen maskulin zu sein scheinen. Danach muß sich auch das stets folgende Adjektiv richten: *Sorbus domestica* (Eberesche), *Pyrus communis* (Birnbaum), *Mespilus germanica* (Deutsche Mispel), *Prunus armeniaca* (Aprikose), *Ziziphus sativa* (Brustbeerbaum), *Populus alba* (Silberpappel) und *Sambucus nigra* (Schwarzer Holunder). Hier fallen -us und -a zusammen, als betrachtete die lateinische Sprache die Bäume als Zwitterwesen, als männlich und weiblich zugleich: Männlich wegen des schlanken, säulenartigen Wuchses ihres Stammes und wegen ihres Bestrebens, sich zum Himmel zu recken, und weiblich wegen ihrer Fruchtbarkeit und ihrer prallen Früchte.

Abgesehen von meinem Zitella-Apfel scheint keiner der Obstbäume die Absicht zu haben, Früchte zu tragen. Das ist an sich kein Grund zur Sorge, doch mir stehen nach der Lektüre bestimmter Gartenzeitschriften die Haare zu Berge. Ich lese von den hochkomplizierten Befruchtungsmechanismen, durch die aus den Blüten Früchte werden. Dabei gelange ich zu der Erkenntnis, daß das Liebesleben der Pflanzen von einer Zeitplanung abhängt, die nicht weniger kompliziert ist als die beim Menschen. Will sagen: In der Liebe zeitlich zu harmonieren, gelingt den Obstpflanzen genauso selten wie uns. Zum Glück habe ich meinen Obstgarten angelegt, bevor ich diese vielen Probleme argwöhnte, sonst wäre ich bei dem Versuch verrückt geworden, zu berechnen, wer sich mit wem paart und in welchem Abstand zueinander sich die Gespielen befinden sollten. Ich habe die

Bäume völlig ahnungslos ausgewählt und mich dabei von der Schönheit ihres Namens und von der mehr oder weniger verlockenden Beschreibung ihrer Früchte leiten lassen. Die Kataloghersteller sind alles andere als dumm. Sie wissen genau, daß der Käufer niemals so unverantwortlich wäre, Obstbäume zu erwerben, wenn man ihn mit all den Schwierigkeiten konfrontierte, die bei der Fruchtbildung auftreten können. Der Kunde hätte auch nie die Geduld, diese Fortpflanzungsmechanismen zu studieren. Man verführt ihn daher auf andere Weise, sozusagen mit poetischen Mitteln. Ich bin froh, auf diese Art verführt worden zu sein. Und ich freue mich, daß meine Obstbäume trotzdem irgendwie ein System finden, sich zu vermählen und etwas Nachwuchs zustande zu bringen. Der ganze Hof ist erfüllt von Insektenbrummen. Ich hatte im vergangenen Jahr die Bienenvölker eines Imkers zu mir eingeladen, und ein Schwarm war entwischt. Er muß sich hier irgendwo in der Nähe in freier Wildbahn niedergelassen haben.

Als ich gestern abend die Fensterläden schloß, sah ich die ersten Glühwürmchen. Es sind noch nicht viele – kleine Lichter, die unter dem noch fast vollen Mond in der milchigen Nacht aufgingen und verloschen. In der Ferne waren sie wie ein Schimmer, ein Lichtpolster oder ein Nebel, der den Mondschein reflektierte.

Im Mai gehe ich mit einiger Ungeduld durch den Garten, weil ich darauf warte, daß sich die Rosenknospen öffnen. Manche Sorten haben es sehr eilig. Die *Rosa banksiae lutea* schmückt sich längst mit ihren duftenden, zitronengelben Blütensträußen. Sie ist an der Loggia hinauf bis aufs Dach geklettert und hat gut geschützt auf den Ziegeln die ersten Sonnenbäder genommen. Jetzt ist sie verwelkt. Ebenso die Cherokee-Rose. An einem Pfeiler neben dem Hauseingang hat diese immergrüne Rose schon im April die weiße Pracht ihrer einfachen, großen Blüten mit einem dicken Knopf goldener Staubblätter in der Mitte entfaltet. Auch sie ist nun welk. Dafür öffnen sich jetzt die Knospen der ersten *Variegata di Bologna*, karmesinrote Streifen auf cremefarbenem Grund. Doch bis zur vollen Blüte ist es für sie noch ebenso weit wie für die krebsroten Albertine, die noch nicht wissen, ob sie sofort aufgehen oder lieber noch etwas warten sollen.

Schon seit längerem hege ich den Wunsch, Pflanzen, die mich faszinieren, zu zeichnen. Das ist der einzige Weg, sie wirklich zu sehen. Um sie abbilden zu können, muß man mit dem Auge jedes Detail erfassen. Sich auf den Gesamteindruck zu beschränken, genügt nicht. »Weißt du, ein guter Gärtner muß zeichnen können«, hatte Mario Calvino einmal zu seinem Gärtner Libereso Guglielmi gesagt. Heute habe ich mich endlich getraut. Es war erstaunlich, ja wunderbar, wie mein Stift das, was meine Augen erfaßten, wie ein Pantograph nachzeichnete, ohne daß ich so recht begreifen konnte, wie es geschah und welche Befehle ich meiner Hand eigentlich gab. Es geschah einfach so. Als das Bild fertig war, hatte ich das Gefühl, diese Pflanze, eine Skabiose, zum erstenmal wirklich gesehen zu haben.

Manchmal hätte ich Lust, mich an der Universität einzuschreiben und Naturwissenschaften zu studieren. Dann fällt mir ein, wie langweilig es ist, die Schulbank zu drücken und ich lasse es sein. Zum Glück erinnert sich Professor Tomei von Zeit zu Zeit an mich und lädt mich zu seinen »Botanikvorlesungen im Freien« ein. Heute treffen wir uns am Lago di Massaciuccoli. Professor Tomei hat eine Schwäche für Sumpflandschaften und in seinem Blick etwas von einem Waldmenschen, der mit dem Gewehr über der Schulter oder mit der Angelrute durch die Moore zieht. An Bord der »Pinkerton II« stechen wir in See. Wir legen am anderen Ufer an und verlassen das Boot über einen Steg, der auf einer schwimmenden Wiese oder einem schwankenden Stück Land liegt, soll heißen: auf einer von diesen Inseln, die eher so etwas wie ein natürliches Floß sind. Das Festland ist dort nicht so fest, wie sein Name glauben macht. Es besteht aus Torf, aus pflanzlichen Überresten von Röhricht und Torfmoos. Links und rechts neben dem recht wackligen Steg wachsen riesige Exemplare von Königsfarn, der in meinem Garten immer noch klein ist. Hier ist er üppig, mindestens drei Meter hoch und übersät mit Sporen in allen Farben zwischen Grün und Braun. Wir betreten den schwankenden Boden. Es ist, als ginge man auf einem nassen Schwamm. Wir bahnen uns einen Weg durch Erlenzweige, Cladium, die großen, tropischen Wedel des Königsfarns und durch schmale Binsenblätter. Ein angenehmer Geruch nach modernden Pflanzen macht sich bemerkbar und das Gefühl, an einem Ort zu sein, an dem sich belebte Materie ständig erneuert. Hier wächst auch der seltene Sumpffarn mit seinen leicht gefransten Blättern. Früher trat in regelmäßigen Abständen der Serchio über die Ufer, überschwemmte die Moorlandschaft und riß die Erlen nieder. Das geschah durchschnittlich alle dreißig Jahre und gewährleistete ein selbsttätiges Gleichgewicht von Werden und Vergehen. Niemand mußte extra kommen und die Bäume fällen, bevor sie durch unmäßiges Wachstum einen Wald bildeten, der den eigentlichen Sumpf aufgesogen hätte. Heute ist der Fluß eingedämmt und kann sein Bett nicht mehr verlassen. Im Grunde ist er gar kein Fluß mehr, sondern ein Kanal. Er kann das Land, durch das er fließt, nicht mehr fruchtbar machen. Mittlerweile sind auch die Wirtschaftszweige verschwunden, die an den natürlichen Zyklus des Sees gebunden waren. So wird kein Riedgras mehr gewonnen, um wie früher Tierstreu daraus herzustellen oder Stühle zu flechten.

Fukuoka ist für die Bewirtschaftung eines Gemüsegartens keine große Hilfe. Zumindest nicht für meinen und nicht in unserem Klima. Das habe ich schon eine ganze Weile geahnt. Fukuoka ist für mich wie eine inspirierende Philosophie, genauso wie *Der geheime Garten*, das Buch, das ich als Kind mehrmals hintereinander gelesen hatte, ohne mich dafür zu interessieren, wer sein Verfasser war. Mein kümmerlicher Garten mit seinen für die Ernte noch zu kleinen Pflanzen, mit seinen ersten spärlichen Tomaten und den wenigen Büscheln Radicchio, Basilikum, Petersilie und Dill, führt mir unentwegt vor Augen, daß ich mir einen praktischeren Lehrmeister suchen muß. Ich krame John Seymour wieder aus dem Regal und merke, wie unaufmerksam ich ihn das erste Mal gelesen habe, als Massimo ihn mir geliehen hatte. Ich glaube, Massimo hat zwei Vorbilder für seine Gartenarbeit. Zum einen den Roman *Der Schweizerische Robinson* des protestantischen Pfarrers Johann David Wyss aus dem Jahr 1812 und zum anderen John Seymour. *Der Schweizerische Robinson* erzählt die Geschichte des Schiffbruchs einer Familie aus der Schweiz, die es auf eine einsame Insel südlich des Äquators mit völlig ungewohnten klimatischen Bedingungen verschlägt. Das tatkräftige Familienoberhaupt organisiert für sich, seine Frau und seine vier Söhne das Überleben in der Wildnis. Der Roman ist so etwas wie die Vorwegnahme eines modernen Do-it-yourself-Lehrbuchs. Man lernt von allem etwas: Wie man eine Schuhform anfertigt, wie man Gummi aus Kautschukbäumen gewinnt, wie man einen Affen dazu bringt, Kokosnüsse von einer

Palme zu werfen, kurz, wie man ganz und gar zum Selbstversorger wird.
Seymour, ein Pionier der Selbstversorgung, hat auf manchen Fotos und vor allem im Profil Ähnlichkeit mit Massimo. Womöglich hat unsere Art, zu leben und zu denken, Einfluß auf unseren Gesichtsausdruck, unsere Physiognomie, unseren Blick; und prägt sie letztlich nicht sogar unsere Gesichtszüge? Auf jeden Fall trägt das, was ich Massimos Höhle nenne, deutlich Seymoursche Züge: die Tischlerwerkstatt mit all ihren Maschinen und die Speisekammer, in der Giovanna ihre Vorräte aufbewahrt.

Da stehe ich nun, ewig in Verzug! Ich schiele zum Garten des Nachbarn hinüber. Er hat ein Gewächshaus, einen Tunnel auf dem Freiland, und Bohnen, die schon ein Drittel des großmaschigen Plastiknetzes erklommen haben. Und ich? Ich besitze eine erste mickrige Tomate, und erst heute fällt mir ein, daß ich die Pflanzen ausgeizen muß, das heißt, ich muß die Seitentriebe an den Blättern entfernen, damit die Pflanzen ihre Kraft nicht in mehreren Trieben vergeuden. Sie würden sonst keine Tomaten ansetzen und ihre Energie nur für Zweige und Blätter verschwenden. Warum der Nachbar und nicht ich? Jedenfalls ich noch nicht? Die Antwort ist einfach: Ich komme aus einer anderen Welt. Meine Erziehung war auf ganz andere Dinge gerichtet. Ich bin wie ein Fisch auf dem Trockenen. Nur zu gern möchte ich einmal sehen, wie sich meine Artgenossen mit einem Gemüsegarten herumschlagen würden. Ich bin davon überzeugt, daß sie sich auch nicht besser aus der Affäre ziehen könnten. Ich kenne sie gut, meine Freunde aus der Stadt. Sie staunen über alles und jedes, über eine Aubergine in der Erde ebenso wie über eine Rucola-Pflanze. Sie unterscheiden sich kaum von dem amerikanischen Mädchen, das in

Spoleto einmal mit der Frage herausplatzte, ob die Berge mit dem Bagger gemacht worden seien. Ich brauche nur etwas Geduld, dann werde ich den Nachbarn über kurz oder lang schon einholen. Alles will gelernt sein, selbst die einfachsten Dinge, so wie man auch Laufen, Sprechen und Schreiben lernt. Ich übe noch, es wird schon besser, ich werde es schaffen.

Die Mariendistel blüht. Es war noch Winter, als ich ihre Rosetten mit den großen, gezackten Stachelblättern im Olivenhain entdeckte. Sie sind weißgefleckt, und die Legende erzählt, daß diese Flecke von der Milch der Jungfrau Maria stammen, die sich hinter einer Distel vor den Soldaten des Herodes verstecken konnte. Als ich die Rosetten fand, markierte ich sie sofort mit Bambusstäben, um sie nicht versehentlich abzumähen, falls das hohe Gras sie überwuchern sollte. Heute endlich blüht sie, violett und elegant auf ihrem blaßgrünen Stengel.

Diese Mairegen haben nicht ihresgleichen. Die Mittagsstunden waren unerträglich schwül und drückend, die Temperaturen kletterten auf fast dreißig Grad. Selbst ein paar Einkäufe zu machen, war schon mühsam. Nun liege ich erschöpft in der Hängematte und lese. Wolken ziehen auf. Da könnte ich wenigstens die Kardonen pikieren, das ist eine leichte Arbeit. Ich lege das Buch weg, hole einen Sack Komposterde aus dem Schuppen und hieve ihn in die Schubkarre. Ich bringe ihn zur Ostterrasse, nehme die Fleeceabdeckung vom Saatbeet, setze mich auf einen umgekehrten Pflanzkübel und fahre mit den Fingern in die weiche, dunkle Erde, um die jungen Kardonen herauszuziehen. Sie haben dünne, schneeweiße Wurzeln, die wenigstens viermal so lang sind wie die Pflänzchen. Deshalb, so hat mir Angelo erzählt, mögen sie das Umsetzen nicht. Diese langen Wurzeln wollen sofort tief ins Erdreich dringen und nicht mehr gestört werden. Es ist reiner Zufall, daß die Töpfe, die ich im Schuppen finde, von der üblichen Form abweichen. Sie sind schmal und sehr hoch. Sie sind ideal für die langen Kardonenwurzeln. In einem der Töpfe hat sich eine dicke graue Spinne mit kastanienbraunen Streifen versteckt. Ich schüttle sie auf den Boden. Dort bleibt sie reglos sitzen. Die Erschütterung hat sie wohl vor einer Kraft gewarnt, die größer ist als die ihre, und nun gebietet ihr die Vorsicht, sich tot zu stellen. Ich mag Spinnen. Sie fressen Insekten, und man kann immer auf sie zählen, wenn man Schädlinge dieser Art loswerden möchte. Trotz ihres bedrohlichen Anblicks sind Spinnen zart und empfindlich. Die kleinste Veränderung ihrer Umwelt genügt – etwa der Einsatz eines chemischen Düngers –, und sie verschwinden. Während ich die Kardonen umsetze, beobachte ich die Spinne verstohlen aus den Augenwinkeln, doch sie läßt kein Lebenszeichen erkennen. In der Ferne ist ein kategorisches Donnergrollen zu hören. Nino bellt dagegen an. Der Donner kommt näher, die Luft ist feuchtwarm und gewittrig. Noch regnet es nicht, und so pflanze ich weiter Kardonen. Die Spinne regt sich immer noch nicht. Da prasseln eiskalt und peitschend schwere Tropfen auf meinen Rücken, so daß mir ein Seufzer entfährt. Der Regen ist heftig, ich muß den Rückzug antreten, obwohl ich die letzte einsame Kardone nur ungern ihrem Schicksal auf dem Saatbeet überlasse. Ich laufe ins Haus und schaue von dort aus dem schrägen, wilden Regen zu, der im Nu vorbei ist. Schon nach wenigen Minuten ist alles ruhig. Ich gehe hinaus. Die Spinne ist weg. Ich topfe das letzte Pflänzchen um. Die kaum regennasse Komposterde hat die glühendheiße Wärme des Tages gespeichert, die ich nun an der abgekühlten Luft stärker spüre als vorher.

Die Büschel des Wilden Fenchels sind schon recht stattlich. Ich habe mehrere davon auf dem Hof. Sie sind wild gewachsen, und jedesmal, wenn ich einen entdeckte, markierte ich ihn, um ihn nicht versehentlich abzumähen. Fenchel ist eine ausdauernde Pflanze. Er verschwindet zwar im Winter und läßt nur ein Skelett aus bleichen, vertrockneten Zweigen stehen, die sich übrigens wunderbar zum Würzen von gegrilltem Fisch eignen, treibt dann aber wieder neu aus. Ich sehe gern zu, wie sich das junge Grün seinen Weg durch die alten, dürren Äste bahnt, weshalb ich sie nicht abschneide. Ohne sie würde es mir schwerfallen, den Fenchel vom Vorjahr wiederzufinden. Mir gefallen die smaragdgrünen Wolken aus dichten, flaumigen Blättern, und ich mag ihren frischen Duft, der entspannend wirkt. Plinius schreibt, daß Schlangen sich vom Saft des Fenchels nähren, um ihre alte Haut zu ersetzen, und sie sich an seinen Blättern reiben, um ihr Augenlicht zu schärfen.

Schon jetzt im Mai denke ich voller Melancholie an die in Kürze verblühenden Rosen, und mir ist, als wären die Pfingstrosen, deren Blüten noch fast alle in den Knospen stecken, bereits verwelkt. Ich gehe durch den Garten, um zu sehen, was wohl nach ihnen kommt. Da sticht mir der Blütenstand der Yucca-Palme ins Auge. Sie war schon vor mir auf dem Gehöft, und ich habe sie aus Mitleid behalten. Sie hat feste, fleischige Blüten, die an die der Zitronen erinnern, jedoch größer sind und nicht duften. Außerdem blüht die erste weiße Lilie und präsentiert ihre knallgelben Staubblätter wie reines Gold. Und auch die Blüten der Hortensien färben sich schon rosa und violett.

Es ist heiß. Ich mußte schon vor zehn Uhr morgens aufhören, im Garten zu arbeiten, wo ich Okra-Pflanzen umsetzte, die ich aus in Griechenland gekauften Samen gezogen hatte. Die Okra oder Gombofrucht wächst an einer tropischen Pflanze aus der Familie der Malvengewächse. Ich hatte sie – natürlich in einem Gemüse-Curry – erstmals vor vielen Jahren in einem indischen Restaurant in London gegessen. Später fand ich sie auf den griechischen Inseln wieder.

Ich habe auch nach dem Dill gesehen, den ich gestern aus den Töpfen ins Freie pflanzte. Die Schnecken haben ihn zwar noch nicht angegriffen, doch es kann nicht schaden, ihn, so gut es geht, mit einem Aschestreifen zu schützen. Den Dillsamen hatte ich vor einem Jahr in Moskau gekauft. Mir gefiel der Gedanke, genau die Sorte zu haben, die man dort für Lachs und Essiggürkchen verwendet.

Guido ist mit einer Woche Verspätung gekommen, um die Tiefbeete für das zweite Gemüsefeld anzulegen. Als er neben den Weinstöcken mit dem Graben beginnt, ist er entsetzt. Der Boden ist steinhart und undurchdringlich wie Zement. Er hätte besser daran getan, eine Woche eher zu kommen, sage ich zu ihm, da war die Erde noch regenfeucht und nicht so ein sonnenverbrannter Lehm. Heute ist einer von diesen glühendheißen Tagen, an denen einem der Arbeitseifer vergehen kann. Mit seiner Extremtemperatur von über dreißig Grad kann er sich durchaus mit den schlimmsten Julitagen messen. Nach wenigen Spatenstichen rinnen Guido die Schweißperlen von der Stirn und bleiben in seinem Bart hängen. Es ist unvorstellbar, bei dieser Hitze in einem so harten Boden zu graben. Etwas von den Weinstöcken entfernt sieht es schon besser aus. Nach dem ersten harten Stück wird die Erde weicher. Guido hat bereits die Schubkarre mit der Erde, der Saatluzerne, dem Mist und dem Stroh der ersten Schicht gefüllt. Er stellt sie beiseite, um nach getaner Arbeit alles aufzuschütten. Das Gras, das ich gestern abend gemäht habe, hat viel Volumen. Nachdem es untergegraben ist, liegt das Beet etwa fünfzehn Zentimeter höher als die Wege. »Von wegen Tiefbeete!« sagt Guido. »Man sollte sie lieber Hochbeete nennen!« Die darübergeschichtete Erde wirkt, offen gestanden, nicht gerade einladend. Sie ist karg, gelblich, trocken und wirklich noch die Erde vom ersten Jahr. Sie bröckelt nicht, enthält keine Nährstoffe, weist keine Spuren von Humus auf und ist nicht so schön braun wie die feuchte Komposterde, die es beim Händler zu kaufen gibt.

Es wäre gelogen, zu behaupten, ich sei die ganze Zeit draußen geblieben. Ich habe Guido nicht nur nicht beim Graben geholfen, sondern hatte nicht einmal die Kraft für kleinere Arbeiten im Garten. Wenn das Wetter so ist wie heute, flüchte ich schon vor zehn Uhr in mein schattiges Haus. Guido dagegen gräbt mit einem Lächeln in seinem schweißtriefenden Bart emsig weiter, als gehörte diese unerbittliche Sonne zur Schönheit der Gartenarbeit dazu. Er ist stark, doch ich bin wie erschlagen. Ich komme erst um vier Uhr nachmittags wieder aus dem Haus, als die Sonne tiefer steht und ein leichter Wind weht. Ich versuche, die Beete mit der Harke in Form zu bringen. Sie sollen etwas nach innen gewölbt sein, damit das Wasser nicht ablaufen kann, und leicht erhöhte Ränder bekommen, soweit das bei diesem widerspenstigen Boden möglich ist, der meinen Nachbesserungsversuchen trotzt wie eine zu trockene Haarmähne. Ehrlich gesagt sieht das Feld noch nicht besonders toll aus, zumal es so uneben wie die Nachtlager aus Maisblättern ist, die früher bei den Bauern üblich waren und keinerlei Zugeständnisse an einen bequemen Schlaf machten. Das Bett eines Fakirs.

Ich denke langsam über die Pflanzen nach, die auf den Tiefbeeten wachsen sollen. Das erste Beet ist für Kardonen und gelben russischen Paprika gedacht. Ich nehme eine kleine Schippe, dazu einen Eimer mit Stalldung und einen mit Asche. Ich grabe Löcher, fülle sie mit einer Handvoll Mist und mit einer Handvoll Asche und setze die Pflänzchen hinein, die auf diese Weise gut aufgehoben sind. Auf dem zweiten Beet pflanze ich zwei Reihen rankender Zucchini und dazwischen ein paar Radieschen. Die beiden anderen Beete lasse ich frei. Es ist schon zu spät für weitere Anpflanzungen. Guido legt seinen beeindruckenden Stahlspaten, der groß wie ein Ritterschild ist, in den Transporter zurück. Die Sonne ist untergegangen, die Gluthitze vorbei. Von dem frisch bearbeiteten Boden angelockt, fliegen die Amseln herbei, scharren in den lockeren Erdschollen, schütteln ihr schwarzes Köpfchen und fliegen mit Würmern im Schnabel davon – mit meinen kostbaren Regenwürmern. Vor dem Kastanienbraun der umgegrabenen Erde sind diese pechschwarzen Vögel im weichen Abendlicht schön anzusehen.

Juni

Ninos Bisse und die unterschiedlichen Philosophien von Nutzgarten und Ziergarten · Von Lamarossa zum Monte Vecchio · Die Schnecken geben Ruhe · Das erste Rot auf den Tomaten · Hühner · *Bruschetta* · Frühlingsgräser · Sommerlicher Platzregen · Portulak · Wolken

Gestern ist Massimo vorbeigekommen. Ich brauchte seinen Rat wegen der Umzäunung des Hofes. Nino hört einfach nicht auf, begeistert nach allem zu schnappen, was sich bewegt: nach Bienen, Hummeln, Glühwürmchen – und Läufern. Vor einigen Tagen zwickte er einen vorbeijoggenden Polizisten aus Pozzuolo, was ausgesprochen hinterhältig war, weil er nicht bellte und seine Angriffslust in keiner Weise erkennen ließ. Erst als der Mann an ihm vorbei war, drehte er sich plötzlich um und fletschte die Zähne. Nino kann es nicht leiden, wenn man sein Revier im Laufschritt durchquert. Er betrachtet es als Majestätsbeleidigung. Neulich bellte er wütend aus dem Fenster, weil er mit seinem Adlerblick schon von weitem ein älteres Ehepaar erspäht hatte, das morgens um neun in leichtem Trab vorüberlief. Aus der Sorge heraus, womöglich bald jeden Tag von gebissenen Opfern angezeigt zu werden, habe ich mir angewöhnt, Nino immer dann, wenn die Leute ihr Lauftraining absolvieren, im Haus einzusperren oder ihm den Maulkorb anzulegen, wenn ich ihn hinauslasse – eine infame Beleidigung, die er mit einem Ausdruck grenzenloser Wehmut und mit der Weigerung quittiert, das Haus zu verlassen, ganz als schämte er sich vor den anderen Hunden. Es versteht sich von selbst, daß es so nicht weitergehen kann. Ich werde mich dazu durchringen müssen, wenigstens einen Teil des Hofes einzuzäunen. Geklärt werden muß nur noch, welches die preiswerteste und die am wenigsten häßliche Lösung ist.

Ich fühle mich ein wenig mutlos, als ich den Tisch fürs Abendessen decke. Der einzige Trost sind die *Trofiette* mit den ersten, kleinen Zucchini aus dem Garten, sie sind frisch und köstlich. Als das Gespräch auf die zwei unterschiedlichen Philosophien kommt, die sich am Ziergarten und am Nutzgarten festmachen lassen, redet sich Massimo in Feuer. Bei ihnen in Tereglio ist die Sache ziemlich einfach. Massimo kümmert sich um den Gemüsegarten und Giovanna um die Blumen. Ich hingegen mache beides allein. »Du wirst noch verrückt werden«, spottet Massimo. Doch mein Anspruch ist ein anderer. Ich möchte beide Philosophien miteinander versöhnen, möchte den Punkt finden, an dem sich Nutzgarten und Ziergarten treffen.

Im Nordwesten, in der Garfagnana, zwischen den Apuanischen Alpen und den eigentlichen Apenninen, gibt es Berge, in denen zu dieser Jahreszeit alles in Blüte steht. Diese Region war im Verlauf der Jahrtausende geologisches Grenzgebiet. Hier gab es extreme Vereisungen ebenso wie tropische Hitze. Jedes dieser Zeitalter hat in Form von botanischen Relikten seine Spuren hinterlassen. Ein Nichts genügte – etwa eine minimale Ausdehnung nach Norden oder Süden –, und bestimmte Pflanzen überlebten nur noch isoliert in begrenzten, doch um so hartnäckigeren Populationen. Auch der Baumbestand dieser Berge veränderte sich im Laufe der Jahrtausende. Heute wachsen hier überwiegend Kastanien- und Buchenwälder. Jahrhundertelang bildete die Eßkastanie die wirtschaftliche Grundlage dieser Region. Darum nannte man sie auch »Brotbaum«.
In diesen ersten heißen Junitagen ist auf dem kleinen, rundlichen Monte Pisano kaum Abkühlung zu finden. Dazu muß man schon ein Stückchen weiter wandern, zu den höheren Bergen weiter nördlich. Da kommt mir die Einladung

von Professor Tomei zu einem Ausflug in die Torfgrube von Lamarossa gerade recht. Dieses Naturschutzgebiet mit dem Orecchiella-Park ist ein uralter Schwamm aus Torfmoos, der selbst an den heißesten Tagen noch mit Wasser vollgesogen ist, denn das Torfmoos besitzt die Fähigkeit, das Dreißigfache seines Eigengewichts an Wasser zu speichern. Es ist ein herrliches Gefühl, der Hitze in der Ebene entkommen zu sein und nun barfuß über das feuchte Kissen der Torfgrube zu wandern. Hin und wieder dringen mir kaum wahrnehmbare übelriechende Dunstwolken aus Schwefelwasserstoff in die Nase. Sie stammen von Bakterien, die sich im Zersetzungsprozeß von totem Pflanzenmaterial ernähren. Ich habe das Gefühl, auf einer nassen Matratze ohne festen Untergrund zu stehen, in einer Welt ursprünglicher Lebenskraft, auf einer Art Plazenta. Die Torfgrube hat ihre eigene Pflanzenwelt. Ende Mai blüht hier die Sumpfdotterblume, ein auffälliges Hahnenfußgewächs, dessen grellgelbe Blüten aus großen Büscheln glänzender, nierenförmiger Blätter hervorragen. Schon Goethe beschäftigte sich in seinem Buch *Die Metamorphose der Pflanzen* mit den Blattformen der Sumpfgewächse, die sich ihrem feuchten Lebensraum so angepaßt haben, daß ihre Gestalt die nötigen Filterfunktionen ermöglicht. Wir finden hier auch einen Stengellosen Enzian in einem geradezu hypnotischen Blau, dessen lange Kelche sich sternförmig öffnen. Unter der dichten Vegetation der Torfgrube verborgen fließt ein Bach. Nur das Vorkommen von Sumpfdotterblumen, Schaumkraut und Bachnelkenwurz verraten seine Existenz.

Unter den Buchen schlagen wir den Weg zum Gipfel des Monte Vecchio ein. Im Juni verhindert ihr dichtes Laub bereits jede Blüte im Unterholz. Nur in der kurzen Zeit während des Frühlings, wenn sich die Knospen mit den jungen Blättern gerade erst öffnen, kann hier etwas auf dem Boden blühen. »Alles stehenbleiben!« Professor Tomei ist entzückt. Er hat eine nicht sehr häufig vorkommende Orchidee gefunden, die durch ihre helle Erdfarbe perfekt getarnt ist. Nach der Form ihrer Wurzeln wird sie Vogelnestwurz genannt. Diese Orchidee lebt als Parasit im Buchenwald, was schon ihre Farbe – oder eher deren Abwesenheit – deutlich verrät. Was sonst könnte hier jetzt auch im Schatten blühen, wenn nicht ein Parasit?

Unser Weg führt uns ein gutes Stück durch den honiggelben Schatten der Bäume und öffnet sich bisweilen zu kleinen Lichtungen, die auf eine verlassene Köhlerei hindeuten. Als wir aus dem Wald heraustreten, haben wir einen freien Blick auf die Berggipfel zwischen den engen Einschnitten aus Heidelandschaft und Grasland. In dem Grün, das sich von grauen Schotterhalden unterbrochen der Gestalt des Geländes anschmiegt, stehen wir staunend vor einer atemberaubenden Blütenpracht: vor dem Gelb des Langspornigen Veilchens, dem Purpurrot des Tragants und dem gleichsam elektrischen Blau des Kochschen Enzians, um nur einige zu nennen. Diese Pflanzen sind Asketen und darin geübt, entbehrungsreich zu leben. Ihre scheinbar so prunkvollen Gewänder dienen faktisch nur dem Überlebenskampf unter widrigsten Bedingungen. Kurios ist, daß diese Pflanzen unter angenehmeren Voraussetzungen in Schwierigkeiten geraten würden. Durchaus fähig, Belastungen abzuwehren, die für die Mehrheit ihrer Gefährtinnen im Tal unerträglich wären, hätten sie in einer Umgebung, die ihren Konkurrentinnen mehr zusagen würde, keinerlei Chance. Die anderen würden sie überwuchern, wie jeder weiß, der einmal versucht hat, so ein wunderbares Exemplar aus den Bergen in seinem Garten anzusiedeln. Die Durchschnittspflanzen würden den Sieg über die Helden des Hochgebirges davontragen. Obgleich sie widerstandsfähig und anspruchslos wie

Säulenheilige sind, wäre es fatal für sie, wenn sie sich unter normalen Lebensumständen inmitten von normalen Pflanzen behaupten müßten. Kurz, die für die Askese so unentbehrlichen Tugenden verkehren sich unter Bedingungen, die für die meisten günstig sind, in ein Hindernis fürs Überleben.

Plötzlich habe ich wirklich einen Gemüsegarten. Ich habe zu essen. Täglich frische Zucchini, junge, zarte, hellgrüne Zucchini. In den frühen Morgenstunden zeigen sie ihre üppigen orangegelben Blüten mit einem Stempel in tiefem, weichem Gelb. Mein Garten füllt sich auch reichlich mit Rucola, Radicchio und verschiedenen Kräutern, ohne daß ich erst zum Schneckengift greifen mußte. Ich kann mir nicht erklären, weshalb die Schnecken nicht mehr so angriffslustig sind. Es wäre pure Selbstherrlichkeit, den Grund dafür in meinen Zwangsausbürgerungen zu sehen. Mario Howard empfiehlt in seinem Buch *Naturgemäßer Gartenbau*, zur Schneckenbekämpfung einen Aufguß aus diesen Tieren herzustellen und ihn zur Abschreckung im Garten zu verteilen, sobald er zu stinken beginnt. Eine ziemlich ekelhafte Angelegenheit. Zwar gäbe es da noch die Igel, doch auf ihre ständige Gegenwart kann ich nicht zählen. Sie schauen manchmal vorbei, machen sich aber, von Nino bedrängt, der von ihrem strengen Geruch und ihrem rosigen, aufreizend stachelbewehrten Körper unwiderstehlich angezogen wird, unverzüglich wieder aus dem Staub. Als ich Giovanna, meiner dem Dschainismus zugewandten Freundin von meinem Problem erzähle, tröstet sie mich damit, daß Schnecken bei längerer Trockenheit ohnehin weniger aufdringlich seien.

Heute habe ich unter den vielen knallgrünen Tomaten die erste mit einem orangeroten Schimmer entdeckt.

Fabio ist gekommen, um zum Schutz der Jogger gegen Ninos Bisse mit der Umzäunung des Gehöfts zu beginnen. Ich zeige ihm, wo ich mir einen Hühnerhof einrichten möchte – hinter dem Backofen, mit einem Fenster, das in die Mauer gestemmt wird. Fabio denkt kurz nach und verzieht dann den Mund. »Aber da werden die Hühner förmlich gegrillt. Siehst du denn nicht, daß dort überhaupt kein Schatten ist? Noch dazu so dicht am Haus. Die stinken doch.« Touché. Ein Hühnerhof duldet keine Nonchalance. Er stinkt, wenn er nicht saubergehalten wird. Wir haben dann etwas weiter weg einen anderen Platz gefunden, wo Amberbäume, Eiben, Mimosen, ein paar Spitzahorne und Lorbeerbäume etwas Schatten spenden. Der einzige Nachteil: Wenn ich Hühnermist holen will, um ihn im Gemüsegarten zu verteilen, ist mein Weg nun länger.

Ich habe die erste Tomate genossen – als *Bruschetta* zum Frühstück, auf dünnen, gerösteten Brotscheiben mit Öl, Salz und Pfeffer. Einfach köstlich.

Meine Hoffnung, daß es nicht mehr nötig sein würde, die Mischhecke zu gießen, hat sich nicht erfüllt. Es hat seit wenigstens einem Monat nicht mehr geregnet, und einige Pflanzen, wie etwa der *Palirus spina christi*, den mir Angelo vor einer Weile geschenkt hat, sind erschöpft. Die Hecke erlebt erst ihren zweiten Sommer. Es war zu optimistisch von mir, sie schon für selbständig zu halten. Ich muß das Gras mähen, sonst kann ich sie nicht richtig wässern, denn mit dem Schlauchwägelchen durch die hohen Halme zu fahren, ist zu mühsam. Die Gräser des Spätfrühlings sind wunderschön, goldgelb mit bereits leeren, federleichten Samenkapseln und bei der Trockenheit fast schon zu Staub zerfallen. Nachdem ich lärmend mit dem Rasenmäher darübergefahren bin, ist von dieser Pracht nichts mehr übrig. Nur noch schlaffes Heu und ein Stück Land, das wie ein Dreschplatz aussieht. Die Erlen und Linden sind plötzlich ihres leuchtenden Bodens beraubt, der sie schmückte wie der mit Gold ausgelegte Hintergrund einer Ikone.

Die Schwüle der letzten Tage entlädt sich am heutigen Morgen in einem Gewitter mit grellen Blitzen, die man sogar mit geschlossenen Augen wahrnimmt. Bei Tagesanbruch wecken mich Donnerkrachen und strömender Regen. Ich sehe einen frischen, rosigen Himmel, wie es ihn auch an manchen Herbsttagen gibt. Da es nicht nötig ist, den Garten zu gießen, streiche ich statt dessen mein Metalltischchen zum zweitenmal. Dieser wolkenverhangene Tag ohne Sonne ist ideal für Arbeiten, die sonst wegen der zu großen Hitze immer verschoben werden, da sie nicht dringend sind. Als Graziana erscheint, die mir wegen meines geschwächten gärtnerischen Eifers schon seit einer Weile mit einem Anflug von Mißbilligung begegnet, machen wir uns gemeinsam ans Werk. Mit unseren Sicheln schneiden wir das Gras, das den Sträuchern das Wasser entzieht, und lassen es nur unmittelbar am Fuß der Pflanzen stehen. Dann zupfen wir das Glaskraut von der Mauer an der Hofeinfahrt und entdecken an den Steinen ganze Großfamilien schlafender Schnecken. Graziana hält inne, um sie sich genauer anzuschauen: »Sind die schön!« Mit ihren leicht grünen und kastanienbraunen Häusern bilden sie hübsche Muster auf den nußbraunen Steinen, an denen sie wie Napfschnecken kleben. Angesichts der Schönheit ihres Rastplätzchens lassen wir sie in Frieden und entschließen uns in einem Kampf, den ich für erbarmungslos gehalten hatte, zu einer kurzen Waffenruhe.
Der erste sommerliche Platzregen geht nieder. Gestern

abend habe ich noch überall gegossen, auch bei den Obstbäumen, doch umsonst war das nicht, denn der jetzige Schauer dringt nicht in die Tiefe. Und für junge Bäume gibt es nichts Besseres als einen kräftigen Wasserguß direkt an ihren Stamm. Sie speichern viele Liter Flüssigkeit, und je größer ihr Pflanzloch war, um so größer ist ihre Möglichkeit, sich eine Feuchtigkeitsreserve anzulegen. Der fallende Regen läßt das Gras glitzern. Er bringt Erfrischung und poliert die Laubblätter, doch er reicht natürlich nicht aus. Nach einer halben Stunde ist schon alles vorbei. Was bleibt, ist eine angenehme Kühle und die Lust, sich im Freien aufzuhalten, um sich all der Arbeiten zu entsinnen, die wegen der Hitze liegengeblieben sind.

Es gibt ein sogenanntes Unkraut, das mir ausgezeichnet schmeckt: Portulak. Ich richte ihn als Salat mit Tomaten an oder auch allein, dann gewürzt mit Öl und Zitrone. Er ist bei mir als Topfpflanze gewachsen, doch nicht draußen im Garten. Ich ziehe die Pflänzchen nun aus der Erde. Es kommt ein stattlicher Strauß zusammen. Ich setze sie auf die freien Flächen der Tiefbeete. Mit seinen fleischigen, teils rundlichen, teils länglichen Blättchen ist der Portulak ein hübscher Bodendecker. Auch im Salat zusammen mit Tomaten ist er schön anzusehen: leuchtendes Grün im Kontrast zu leuchtendem Rot. Im Vergleich zu den Tomaten, die einen kräftigen und fast schon säuerlichen Geschmack haben, ist der Portulak zarter, nahezu mild und daher gut für eine Kombination mit herberen Aromen geeignet. Er enthält viel Eisen und Vitamin C. Seltsamerweise weiß hier in der Gegend kaum jemand, wie man ihn zubereitet. Für gewöhnlich wird diese einjährige Pflanze, die zuverlässig auf der Bildfläche erscheint, sobald der Boden durch etwas längere Sonneneinstrahlung abgetrocknet ist, von den Bauern genauso herausgerissen wie die lästigen Quecken. Dabei tut sie nichts anderes, als sich als edles Gemüse anzubieten, das keine schweißtreibende Mühe verlangt.

Nach dem vielen Einpflanzen, den vielen kleinen Nachholarbeiten und dem Umsetzen des Portulaks, der sich in meinen Agaven- und Aloetöpfen etwas zu breit gemacht hatte, bin ich schließlich genauso erschöpft wie nach einem Tag Schwerarbeit. Ich setze mich auf meine Steinbank. Von hier aus führt der Hauptweg zwischen meinem Gemüsegarten und dem kleinen Blumengarten zur Senke mit der Hortensie, zu cremefarbenen Blütentrauben vor dunkelgrünen Zypressen. Ich habe genug von all dem Grün und von den Pflanzen, mir steht der Sinn nach etwas Unendlichem, Luftigem. Ich strecke mich lang aus. Der weiße Himmel über mir klart hin und wieder zu einem transparenten Hellblau auf. Eine rauchgraue Wolke liegt quer im Raum, viele andere ziehen vorüber. Sie öffnen sich und schließen sich in einer gewaltigen, massigen Bewegung von Wind und Dunst, nur durchzuckt vom schneidenden Flug der Schwalben. Ich sehe nichts als Wolken, Wasserdampf und den Flug der Vögel. Meine Müdigkeit vergeht. Ich hatte die Nase voll von Erde, erdverschmutzten Händen und eisernen Pflanzschaufeln. Im Moment gibt es nur Luft, Wolkenschleier und die spitzen Flügel der Schwalben.

Juli

Kürbisblüten · Gießen · Zinnienblüten und Zucchiniblüten · Zyklische Zeit · Kirschrote Stockrosen und Hummeln · Angelos üppiger Gemüsegarten · Ich beschneide Lorbeerhecken · Regenvorhersagen · Zuviel Geld schadet nur · Die Windhose · Erfrischung · Die Hitze kommt wieder · Wilde Möhren · Die Früchte der Kaktusfeigen · Barbara Smuts über die Paviane · *Oblomow*, die Paviane und das moderne Japan · Lauch und Möhren · *Tromboncini d'Albenga* · Ich trockne Tomaten · Löwenzahnsamen auf Bimsstein · Mixed Pickles · *Henry Brulard* · Nach Sonnenuntergang

Im Juli findet man die schönsten, größten, knalligsten und stattlichsten Blüten im Gemüsegarten. Es sind die Blüten der Kürbisse und Zucchini. Gelb, orange und leuchtend wie gestaltgewordenes Licht. Das auffälligste Merkmal dieser Blüten ist ihre Üppigkeit. Morgens präsentieren sie sich in ihrer ganzen Pracht. Sie bewahren sich ihre Frische nur kurze Zeit, eigentlich nur wenige Stunden lang.
Das morgendliche Gießen des Gartens gleich nach dem Frühstück, noch bevor die Sonne hoch am Himmel steht, gehört für mich zu den angenehmsten Augenblicken des Tages und dauert nicht länger als eine Viertelstunde. Die Luft ist noch kühl, und das Rauschen des Wassers an der Pumpe spült den Schlaf, alle wirren Träume und häßlichen Gedanken fort. Es ist herrlich mitanzusehen, wie sich die Erde dunkel färbt, wenn sie das Wasser aufsaugt, und sich zusammen mit den Blättern zu freuen.

Heute habe ich Lust, die Grenzen zwischen Nutzgarten und Ziergarten ein wenig durcheinanderzubringen. Ich hole einen Korb und pflücke Zinnien, nachdem ich schon ein Dutzend Zucchiniblüten abgeschnitten habe. Ohne die Zinnien wäre mein Gemüsegarten um einiges häßlicher. Sie beanspruchen gerade einmal einen halben Streifen des Beetes, beeinträchtigen den Gemüseanbau also kaum, lassen jedoch mein Herz vor Freude höher schlagen, wenn ich ihre resoluten Farbtupfer in dem Meer von Grün entdecke. Ich gehe ins Haus zurück und stelle sie mit den Zucchiniblüten zusammen in eine Vase. Das Durcheinander ist jetzt perfekt, der Strauß wunderschön und fröhlich, das reinste Sommerlicht. Beim Anblick dieser Komposition aus Gelb, Rot und Orange spüre ich, wie mich frische Energie durchströmt. Von den Farben geht so etwas wie Sicherheit aus, etwas Ungreifbares, Unsagbares und gleichwohl Überwältigendes wie ein musikalischer Rhythmus.

Wie trocken die Erde ist! Im Gemüsegarten hat sich etwas Unkraut eingeschlichen. Ich nehme die Hacke, um es zu jäten. Sie klingt auf dem Boden wie Metall, das auf Holz schlägt. Gerade jetzt, da die Erde so ausgedörrt ist, müßte ich das dritte Gemüsefeld umgraben, das, auf dem ich neulich die Saatluzerne gemäht habe. Ich müßte den ersten Fenchel, Lauch, Catalogna und etwas Kohl in die Erde bringen. Doch meine beiden ersten Felder sind schon überfüllt, so daß ich nun entgegen aller Voraussicht ein drittes anlegen muß. Hier zeigt sich, daß sich die Fruchtfolge nicht von Jahr zu Jahr, sondern von Jahreszeit zu Jahreszeit oder auch von Woche zu Woche ändern kann. Die Zeit des Gartens ist nicht in grobe Jahresblöcke gehauen oder in plumpe Klötze von jeweils drei Monaten. Sie erinnert vielmehr an die feine Mechanik einer Uhr, an unendlich viele große und kleine Rädchen, die ohne dauerhafte Lösungen mit ineinandergreifenden Bewegungen aufeinander abgestimmt sind. Wieso hatte ich das nicht längst begriffen? Was hatte ich nur im

Sinn? Die Fünfjahrespläne des stalinistischen Rußland? Schon wieder hatte ich bei dem, was immer mehr nach einem »Buch meiner Gartenfehler« aussieht, etwas falsch gemacht. Ich muß noch einmal von vorn beginnen. Nein, nicht in der Praxis, da regelt sich schon alles, irgendwie findet sich immer ein Weg. Doch mein grundsätzliches Herangehen ist überdenkenswert. Ich hatte einen bestimmten Raum für meinen Gemüsegarten geplant. Einen abgeschlossenen Raum, in dem die Zeit kreisförmig oder zyklisch verläuft und nicht geradlinig, nicht bis ins Unendliche dehnbar. Dieser Garten, mein schweigsamer Meister, mahnt mich nun fortwährend, Grenzen zu respektieren. Er stößt mich mit dem Kopf gegen konkret vorhandene Barrieren. Er sagt mir: Du möchtest ausgerechnet jetzt umgraben, doch jetzt geht das nicht. Der Boden ist hart und undurchdringlich. Selbst wenn es dir gelingen sollte, ihn jetzt umzugraben, würdest du ihm nur schaden. Du würdest das Beet in eine Staubmulde verwandeln und bestimmt kein Feld mit einem fruchtbaren, feuchten, fetten Boden erhalten. Um neue Gemüsebeete anzulegen, mußt du schon noch bis zum Herbstregen warten.

Die kirschrote Wilde Malve, auch Eibisch oder Stockrose genannt, hat eine gigantische Höhe erreicht. Es müssen mindestens drei Meter sein. Die erste Malve, aus der alle anderen hervorgegangen sind, schenkte mir Giovanna. Sie erzählte mir, daß Goethe in Weimar eine ganze Allee solcher Stockrosen besaß, die er sehr liebte. Wenn sie blühten, lud er seine Freunde ein, diese Pracht mit ihm zu bewundern. Ende Juni war mein ganzer Hof mit dem Brummen der Hummeln erfüllt. Sie stürzten sich Hals über Kopf in die Blüten und rieben sich am Pollen, wobei ihr Summen klangvoller wurde als vorher beim Fliegen. Wie gut sie es haben, dachte ich, als ich die hohen, sich leicht im Wind wiegenden Stengel betrachtete. Sie genießen die Blumen von innen, wälzen sich mit dem ganzen Körper darin, reiben sich gründlich an ihnen und fliegen schon zur nächsten Blüte. Wie gern würde ich kopfüber in eine Blume springen, mich mit Blütenstaub pudern und sie befruchtet zurücklassen, damit sie sich um ihre Frucht schließen und in Ruhe an ihrem Samen basteln kann.

Die Tage, als mein Garten mir keinerlei Nahrung bot und ich die Gegend nach etwas Borretsch und ein paar Brennesseln absuchte, scheinen in weite Ferne gerückt zu sein. Heute habe ich mehr als genug Gemüse, obgleich mir nicht alles gelungen ist. Die Reihe mit den Zuckererbsen, zum Beispiel, strotzt zwar vor Blättern und Trieben, doch Schoten habe ich bisher nur zwei oder drei gefunden. Ich verstehe das nicht. Doch mit den Tomaten bin ich sehr zufrieden. Auch Rüben und Zwiebeln lassen nichts zu wünschen übrig. Und Dill, Petersilie, Rucola, Basilikum und Radicchio habe ich so viel mein Herz begehrt.

Ich besuche Angelo. Er zeigt mir seinen Garten, einen Ort der Superlative. Auch er kann sich nicht darauf beschränken, nur das anzubauen, was er verbrauchen kann. Dutzende Meter lange Reihen mit Tomaten und Bohnen und eine ganze Gruppe glänzender Auberginen warten schon darauf, geerntet zu werden. Soviel Arbeit für nichts. Man sieht, daß der Garten sich verselbständigt, wie es mit jeder Beschäftigung geschieht, die innige Freude bereitet – Schreiben, Malen, Laufen oder Musizieren. Das Ziel besteht nicht darin zu essen, sondern einen schönen Garten zu haben, ein schönes Bild auf dieser großen Leinwand aus Erde.

Es ist Mitte Juli, die Wachstumsphase der Pflanzen ist vorbei, und es wird Zeit, die Hecken zu schneiden. Eine Lorbeerhecke ist unentbehrlich, wenn man auch im Winter vor Straßenlärm geschützt sein will. Ich möchte sie sehr hoch wachsen lassen, und ich habe auch mehr als eine, so daß der Lärm durch viele grüne Schutzschilde gedämpft wird. Wenn mein Wäldchen eines Tages groß genug ist, wird mir vielleicht das Wunder zuteil, nach dem auf dem Land wohl jeder strebt – Ruhe. Lorbeer mit der Heckenschere zu schneiden, ist eine langwierige, nie enden wollende Arbeit. Zum Glück ist es letzte Nacht kühler geworden, und die Temperaturen sind nach der Hitze gestern nun erträglicher. Man braucht viel Zeit, um eine Lorbeerhecke zu schneiden, doch auch das kann ein Vergnügen sein, das Vergnügen, bei jedem Scherenschnitt ihr würziges Aroma zu genießen. Es ist, als zerbräche man ein Parfümfläschchen. Lorbeer gehört zu den Hartlaubgewächsen. Er hat ledrige Blätter, die während der Sommerhitze die Verdunstung reduzieren. Man nimmt seinen Duft nur wahr, wenn man diese Panzerung überwindet, indem man etwa ein Blatt zwischen den Fingern zerreibt. Der so freigesetzte Duft war zweifellos auch der Duft der Nymphe Daphne, die sich in ein Lorbeerbäumchen verwandelte, als sie vor Apolls Lüsternheit floh. Publius Ovidius Naso, kurz Ovid genannt, erzählt uns nichts von diesem Duft. Er beschränkt sich darauf, zu berichten, daß im Zuge der Verwandlung eine Starre ihre Glieder erfaßt. »Zäher Bast umspinnt das Fleisch des geschmeidigen Leibes; wie als Blätter die Haare, so wachsen die Arme als Zweige (...); Wipfel nimmt ein das Gesicht.« In ihrer neuen Gestalt behält Daphne von ihrem ursprünglichen Äußeren nichts als »ein Glanz nur« (*Metamorphosen* I, 548–552). Ist es denn möglich, daß ausgerechnet Naso keinen Sinn für Wohlgerüche hatte?

Je mehr wildwachsende Pflanzen ich kenne, um so stärker wird mir bewußt, daß ich in einer Umgebung lebe, die mich ernähren kann. Wie der Wurzeln und Beeren essende Eremit, der ich als kleines Mädchen werden wollte. Mit einer Tasse koffeinfreiem Kaffee in der Hand, diesem jeder Gartenphilosophie widersprechenden Industrieprodukt, betrachte ich den Himmel. Im Westen zeigt er ein nahezu eisiges Blau mit einer Schramme aus rauchgrauen Wolken, dazu hellere Dunstschleier, doch keine Spur von Rosa. »Abendrot Gutwetterbot'«, heißt es. Wer weiß, vielleicht bringt uns dieser strahlende Himmel mit seinen kalten Farben morgen früh eine gehörige Portion Regen.

Nein, Regen hat der gestrige Himmel nicht gebracht, doch einen angenehm kühlen Morgen mit schnell dahinziehenden Wölkchen und Wolken. Doch in wenigen Tagen regnet es bestimmt, das spüre ich.

Joan und Gaston, meine peruanischen Nachbarn, laden mich zu einem Bad in ihrem neuen Swimmingpool ein, der ihr ganzer Stolz ist. Ihr Architekt fällte eine jahrhundertealte Korkeiche, um Platz für das Schwimmbecken zu schaffen, schnitt den Berg auf, damit ein Teil des Pools in eine Art Grotte übergehen konnte, und entstellte das Zitronengewächshaus, indem er einen Anbau mit Dusche und Umkleidekabine daraus machte. Das muß ein Vermögen gekostet haben. Ich erzähle Giovanna von dem Todesstoß, den man dem früher so bildschönen Ort zugefügt hat. Sie zitiert daraufhin den Architekten Renzo Mongiardino, der auf die Komplimente, die er für die von ihm umgestalteten Häuser erhielt, mit den Worten antwortete: »Meine Kunden hatten nur nicht genug Geld, um sie zu zerstören.«

Später Nachmittag. Wie gern würde ich in der Hängematte liegen und nichts tun, doch ich habe Besuch aus London. Wir fahren ans Meer, das etwa zwanzig Kilometer von meinem Hof entfernt ist. Um diese Zeit verlassen die Leute den Strand, es wird leer. Hier sind noch Dünen zu finden, die Gegend ist unbebaut, und sie wird es mit etwas Glück vielleicht auch bleiben. Im Mai blühen hier die Zistrosen. Doch nun ist das ins Blaue spielende Rosa der Stranddisteln der einzige Farbtupfen vor den dunklen Blättern der Yucca-Palmen und dem staubgrünen Wacholder. Der Himmel zeigt sich in düsterem Schiefergrau und das Meer in einem militärischen Graugrün, gestreift mit hohen, sich brechenden Wellen, die durchscheinend sind wie Flaschenglas. Ich schlage das Buch auf, das mir Edoardo geschenkt hat, sein neuestes Werk. Es beginnt mit dem Satz: »Es ist die Leere, die mich veranlaßt, etwas zu tun.« Diese Aufrichtigkeit gefällt mir. Ich weiß, daß es die Leere ist, die uns veranlaßt, etwas zu tun, während es die Fülle ebendieser restlos ausgekosteten Leere ist, die uns von dem Zwang, etwas zu tun, befreit. Auch Fukuoka weiß zu berichten, daß nichts von dem, was der Mensch zustande gebracht hat, von Wert sei. Ich glaube es und glaube es nicht, denn manchmal, oft sogar, macht es mir Spaß, zu planen und zu organisieren, um danach erneut festzustellen, daß ich vor allem eines mag: die Wolken zu betrachten. Jetzt, zum Beispiel, zeichnen sie sich teils rosa, teils hellblau, zart und zweidimensional am östlichen Himmel ab wie die leichten Pinselstriche eines Aquarells und bilden einen Kontrast zu den unruhigen Temperafarben des Gewitters im Westen. Reglos und mit leerem Kopf versinke ich gern in diesen Anblick. Das Geplapper meiner Freundin ist mir lästig. Wir stehen auf und schlendern in nördlicher Richtung am Wasser entlang, von Marina di Vecchiano nach Viareggio. Ein junger Mann steht mit dem Blick zum Meer in ein orangefarbenes Tuch gehüllt am Strand. Er öffnet es. Als wir ein Stück weiter an zwei Dickwänsten vorbeikommen, stehen sie auf, um uns ihre Erektion zu zeigen. Es ist die Ecke der Exhibitionisten. Wir kehren um. Erste Regentropfen. Ich denke an meinen Hof und freue mich. Wir treffen uns mit einem Freund in einer Trattoria. Es gießt nun in Strömen, und mein Herz schlägt höher. Nie hätte ich zu dieser Zeit auf ein Gewitter gehofft, das mit Blick auf den traditionellen Regenguß zu Mariä Himmelfahrt über einen Monat zu früh ist. Es hat die Heftigkeit eines Monsunregens. Gegen elf Uhr abends läßt es nach. Wir verlassen die Trattoria und setzen uns ins Auto. Die Straße ist schwarz und glänzt im Scheinwerferlicht. Am nächsten Tag lese ich, daß es ganz in der Nähe eine Windhose gegeben hat.

Die Felder sind wunderbar naß, der Himmel ist noch grau, und bisweilen geht ein leichter Sprühregen nieder. Es weht ein Lüftchen, als wäre es schon Herbst. Das wird nicht lange vorhalten, doch diese Verschnaufpause tut gut, sie hebt die Stimmung. Ich bin guter Dinge. Wie anstrengend wäre es gewesen, ohne diese Erfrischung bis zum Sommerende auszuharren. Der Gartenboden ist dunkel, die Blumen sind üppig. Ich werde ein paar Tage nicht gießen müssen. So habe ich Zeit, darüber nachzudenken, was ich im nächsten Jahr anders machen möchte. Auf jeden Fall weniger Kürbisse ziehen. Auch die Reihe mit den Okras ist gemessen an dem, was ich verbrauche, viel zu opulent geraten. Dagegen sind die Auberginen den platzraubenden Kürbissen zum Opfer gefallen und werden wahrscheinlich keine Früchte tragen. Auch dem Basilikum muß ich mehr Platz einräumen. Dieses Jahr reicht es nicht einmal für einen guten Pesto, und das ist mit dem vielen Land, das ich zur Verfügung habe, wirklich zu dumm.

Es ist wieder heiß geworden. In ein paar Tagen werden wir uns nach den Regengüssen zurücksehnen. Schon heute mußte ich den Gemüsegarten und die Bleiwurz im Blumentopf gießen.

Von allen Blüten auf dem Feld gefallen mir die der Wilden Möhren am besten. Auf englisch nennt man sie *Queen Anne's lace* – die Spitzen der Königin Anne. Sie gehören zu den Doldengewächsen. Keine andere Blume reicht an die luftige Eleganz dieser wildwachsenden Blüte heran, die aus unzähligen kleinen Einzelblüten mit jeweils fünf weißen Blättern besteht. Als Besonderheit haben sie in der Mitte des Blütenkranzes einen einzelnen schwarzroten Punkt. Wegen dieser wunderbaren Pflanzen kann ich mich immer nicht entschließen, auf dem Feld Gras zu mähen. Sie werden hoch wie Sträucher, höher als meine Bäumchen. Als ich das Gras endlich schneide, ist das satte Maigrün lange vorüber. Die Halme sind kraftlos. Ich sollte lernen, die großen Grasflächen mit der Sense zu mähen, mit einer halbkreisförmigen Tanzbewegung aus der Taille heraus, während ich meine Schultern schön gerade halte und meine Arme locker bleiben. Doch davon bekommt man an den Händen schmerzhaft brennende Blasen, zumindest als Anfänger. Außerdem muß man dann auch lernen, mit dem kleinen Wetzstein umzugehen, den man am Gürtel trägt und mit dem man von Zeit zu Zeit gegen die Schneide schlägt, sie glättet und schärft. Vorläufig nehme ich lieber noch meinen schönen roten Rasenmäher, dessen Räder so groß wie die eines Kinderwagens sind. Damit geht das Grasschneiden wunderbar schnell. Mit der Sense gäbe es natürlich nicht diesen Lärm, es wäre keine jährliche Wartung nötig, ich müßte kein Benzin kaufen und kein schwarzes, schmutziges Öl wechseln, dessen Entsorgung problematisch ist, weil es den Boden vergiftet. Irgendwann später, vielleicht wenn meine Wäldchen größer sind und das Gras dort nicht mehr so wuchert, werde ich üben, wie man alles – und nicht nur die bescheidenen Beete im Gemüsegarten – mit Sense und Sichel mäht. Was macht es schon, wenn zunächst noch die Finger wehtun? Ich werde eine schlanke Taille, kräftige Arme und noch festere Hände bekommen.

Mein Garten strotzt nur so vor Gemüse, und doch habe ich mir in den Kopf gesetzt, etwas zu kochen, was nicht unbedingt jetzt geerntet werden muß: Kaktusfeigen. In einer Gartenzeitschrift stieß ich auf einen Artikel über die Zubereitung von Kaktusfeigen und amerikanischen Agaven. Also zog ich mir Schutzhandschuhe an, erntete die Früchte und entfernte mit einem extrascharfen japanischen Vanadiummesser alle Stachelbüschel. Erst danach fiel mir ein, daß man die Kaktusfeigen in Sizilien in Wasser legt, um sie leichter von den Stacheln zu trennen. Auf dem Herd gebacken und mit etwas Öl gewürzt, sind sie einfach köstlich. Zunächst kam mir mein Wunsch, diese Pflanzen im Garten zu haben, etwas albern vor, doch jetzt, da ich weiß, wie gut ihre Früchte schmecken, kann ich gar nicht genug davon bekommen, zumal sie so anspruchslos wie Unkraut sind.

Im Anhang von J. M. Coetzees Roman *Das Leben der Tiere* lese ich einen Essay der Primatenforscherin Barbara Smuts. Sie beschreibt die Tiere als Geschöpfe, die sich ohne Wenn und Aber ihres Lebens erfreuen. Smuts hat unter Pavianen gelebt, die genau wie wir »Wut, Hunger, Angst, Schmerz und Verlust spüren«. Doch es gibt einen Unterschied zum Menschen: Wenn konkrete Belastungen fehlten, schienen die Paviane »ein ruhiges Gefallen daran zu finden, in Paviangestalt in einer Pavianwelt zu leben. Die jugendlichen Weibchen setzten den förmlichen Grüßen der würdevollen Pavianmänner mit einem Purzelbaum ein Ende. Vornehme alte Damen, denen es nicht mehr gelang, die Aufmerksamkeit eines Männchens zu erregen, stellten sich auf den Kopf und betrachteten es von unten nach oben. Männchen mit silbernem Rücken mischten sich unter eine Rauferei der Kleinsten und kitzelten sie ab. Die jüngsten Paviane verbrachten Stunden damit, ihre Technik zu perfektionieren, mit der sie an einer Liane schaukelnd haargenau auf dem Kopf ihrer Mama landeten. Von Sonnenaufgang bis Sonnenuntergang hallten die stimmlosen, spaßigen Rufe der Paviane fröhlich durch den Wald.« Die Paviane erfreuen sich ihres Pavianlebens. Mir gefällt diese selbstgenügsame Existenz, die sich nicht erst mit spektakulären Fakten rechtfertigen muß, die Befriedigung und Lebensfreude findet, auch wenn nichts – wirklich absolut nichts – Aufsehenerregendes geschieht. Mein Leben bekommt allmählich Ähnlichkeit mit dem der Paviane. Ich bin immer gut aufgelegt. Ab und zu wechsle ich einen Blick mit meinem Hund Nino. Auch er lebt nicht schlecht. Er ist zufrieden, amüsiert sich und hat Freunde, die ihn besuchen kommen. Die Lebenslust der Tiere scheint uns Menschen weitgehend verwehrt zu sein. Doch ich spüre sie oft. Allerdings fürchte ich, nicht ganz bei Trost zu sein, oder anders formuliert: ein bißchen weltfremd. Ob deshalb, weil ich nie ganz in diese Welt gehörte, oder deshalb, weil ich ausgestiegen bin, kann ich nicht sagen. Die Begriffe »Welt« und »irdisches Paradies« widersprechen sich übrigens. Kafka fragte sich, warum es uns nicht gelingt, den Garten Eden wiederzufinden, und Fukuoka versucht, den Rückweg dorthin aufzuzeigen. Doch damit die Umkehr möglich wird, muß man diesen Weg zunächst vom Müll des Fortschritts befreien. »Es liegt etwas Ungesundes in einer Kultur, die nur einseitig auf Entwicklung setzt«, schreibt Fukuoka in seinem Buch *The God's farming*, in dem er dem Fortschritt, der die Summe des menschlichen Glücks nach seinem Dafürhalten keineswegs erhöht hat, verständnislos gegenübersteht.

Ich rufe Edoardo an, um mich für sein Buch zu bedanken. Er erkundigt sich, was ich so treibe. »Ich schreibe, arbeite im Garten und ersticke im Gemüse, ich habe viel zu viel Kürbisse und Zucchini.« »Du solltest sie verkaufen. So ist auch der Markt entstanden, oder zumindest der Handel. Eines Tages hat jemand gemerkt, daß er zu viele Kürbisse hat. Er ist losgegangen, um sie zu tauschen, vielleicht gegen ein paar Eier«, erzählt er mir spöttisch – er, der das Landleben aus tiefstem Herzen verabscheut. Doch so ist es nicht, es besteht keine Veranlassung, einen Tauschhandel zu beginnen, das ist mir viel zu kompliziert. Ich bin nämlich auch ein bißchen faul geworden und habe jetzt im Sommer keine große Lust, im Freien zu arbeiten. Ich vernachlässige sogar meinen Nutzgarten, in dem inzwischen das Unkraut wuchert. Zum Glück hat es dem Gemüse nicht geschadet.

An diesen heißen Tagen gerät meine gärtnerische Leidenschaft ins Wanken und jeder Tatendrang, ob nun gärtnerisch oder nicht, verblaßt. Ich gehe nur vormittags für wenige Stunden hinaus, um zu gießen, zu jäten und etwas für das Mittagessen und das Abendbrot zu ernten. Dann flüchte ich in den Schatten. An einem strategisch günstigen Platz im Wohnzimmer, wo früher der Keller war und es daher naturgemäß kühl ist, liege ich im Liegestuhl und lese. Ich habe zwei Fenster und die Tür weit geöffnet, um einen Luftzug zu erzeugen. So fühle ich mich wohl. Jede normale Bewegung ist jetzt langsam und schwebend wie unter Wasser. Mir ist wieder einmal *Oblomow* in die Hände gefallen, Gontscharows Roman, den er Mitte des 19. Jahrhunderts in einem Land geschrieben hatte, das unter der eigenen Rückständigkeit litt und dem Westen gegenüber unsicher war. Oblomow, ein fauler Gutsbesitzer, der weder in der Lage ist, auch nur seine eigenen Interessen in die Hand zu nehmen, noch einer Arbeit nachzugehen, um neuen Reichtum zu schaffen, ist ein Mensch mit vielversprechenden Anlagen, doch vollkommen handlungsunfähig. Stolz, sein halb deutscher, also halb westlicher und somit modernisierter Freund, wirft ihm seine Tatenlosigkeit vor und vermittelt ihm das Gefühl, eine Null zu sein. Stolz ist es auch, der Olga heiraten wird, die von Oblomow geliebte Frau, die sich gern mit mehr Energie und Unternehmungslust von diesem hätte erobern lassen, jedoch nicht in den unbestimmten Nebeln eines Traums verharren möchte. So heiratet Oblomow teils aus Trägheit, teils durch den natürlichen Lauf der Dinge und keinesfalls aufgrund einer bewußten Entscheidung eine brave Haushälterin, die ihn fleißig umsorgt und ihm eine Schar Kinder schenkt. Er könnte glücklich sein – ist er glücklich? – und fühlt sich dennoch unwohl neben seinem Freund Stolz, der vom Ideal des Fortschritts besessen ist, von der Notwendigkeit, etwas zu tun, damit Rußland den entwickelten Ländern Paroli bieten kann. Angesichts eines derart dynamischen Ehrgeizes wird Oblomows beschauliches, zufriedenes, wunschloses Leben etwas Peinliches, eine schändliche Sünde. Gontscharow erzählt von diesem Dilemma, ohne nach einer Lösung zu suchen. Doch weshalb muß Oblomows Lebensweise denn verwerflich sein? Gontscharow beschreibt ihn als passiv, unfähig, willenlos und als das Opfer skrupelloser Menschen. Doch er ist zumindest nicht gemein, unbarmherzig oder gewalttätig. Gontscharow enthüllt nur einen einzigen düsteren Charakterzug an ihm: den Neid auf den Erfolg seiner Freunde, den Groll darüber, daß er nicht anders sein kann, als er ist. Er, der sich sonst mit seinen Einkünften und seinen Untergebenen zufriedengibt, wie sie sind, wird ungehalten, als sein treuer Diener ihn mit dem Hinweis kritisiert, daß »ein anderer an seiner Stelle ...«. Schon allein die Möglichkeit dieses »anderen«, der ihm vielleicht vorzuziehen wäre, verletzt den für gewöhnlich sorglosen und friedlichen Oblomow zutiefst und erschüttert die Geschlossenheit seines selbstgenügsamen, abgerundeten Universums. Das Gespenst eines anderen heraufzubeschwören, eines anderen, der besser ist als er, kommt einem Verrat gleich und ist genauso schlimm wie die Unterstellung eines Mangels. Doch woran mangelt es denn eigentlich? Gemessen an Idealen wie Wachstum und Entwicklung ist Oblomow zweifellos ein Versager und das Opfer seines schwachen Charakters. Es liegt an den vielen Oblomows, daß Rußland es nicht schafft, seine Trägheit abzuschütteln und ein modernes, leistungsstarkes Land zu werden, scheint Gontscharow sagen zu wollen. Das zumindest war die Lesart im 19. Jahrhundert. Doch heute, da auch die Nachteile des Fortschritts zunehmend ans Licht kommen, wird Oblomow vielleicht nicht mehr so scharf verurteilt und mit mehr Nachsicht betrachtet. Immerhin hat er nicht die Umwelt verschmutzt und keine schrecklichen Vernichtungswaffen gebaut. Das gilt auch für die Paviane von Barbara Smuts. Wenn wir heute etwas über sie lesen, kommt es uns nicht in den Sinn, sie zu verachten, im Gegenteil, wir wollen sie verstehen und von ihnen lernen. Was für ein großer Unterschied besteht doch zwischen den Menschen einerseits, die stets und ständig weit davon entfernt sind, ihr Leben in jedem einzelnen Augenblick zu genießen, und dies lieber auf später verschieben, auf die Zeit des Reisens und des Urlaubs, und den Pavianen andererseits, die keine Sekunde ihres Pavianlebens versäumen und sich damit begnügen, Paviane zu sein. Natürlich ist auch diese Sicht nur eine der unzähligen Projektionen, die wir Menschen vornehmen. Doch genau darauf will ich hinaus. Ich möchte verstehen, was in der Zeit von der Mitte des 19. Jahrhunderts bis heute passiert ist, das uns veranlaßt, das zufriedene Seufzen der Paviane mit Anteilnahme, wenn nicht gar mit Neid zu betrachten, während doch ebendieser Seufzer der Zufriedenheit bei Oblomow noch die Zielscheibe unserer Verachtung war. Vielleicht ist seit der Zeit der Oblomows folgendes geschehen: Leute wie Stolz haben die Oberhand gewonnen und die Welt auf das reduziert, was sie heute ist. Auch Fukuokas Japan, zum Beispiel. In einem seiner Bücher hat mich ein Photo von Fukuoka auf seinen Feldern sehr beeindruckt. Doch im Hintergrund ist eine aufgestockte Autobahn zu erkennen, die eindeutig quer über dieses Gelände läuft. Ist es möglich, daß Fukuoka mit seinen Idealen auf der Insel Shikoku ein Stück Autobahn über seinem Landgut hat? Das ist mehr als wahrscheinlich. Als die Hitze ihren unerbittlichen Höhepunkt erreicht, lese ich in meinem gelben Liegestuhl in der »New York Review of Books« einen Artikel von Ian Buruma, »The Japanese Malaise«: In Japan sind die Ufer der Flüsse betoniert, so wie auch sechzig Prozent der Küste zubetoniert sind. Überall gibt es Autobahnen, Eisenbahnen, Tunnel und Brücken, einige davon sogar ohne erkennbaren Zweck, außer dem, daß man »die Menschen spüren lassen möchte, daß sie jetzt reich sind«. Das Bauministerium jubelt in den höchsten Tönen: »Berge und Täler sind mit Asphalt überzogen … eine wundervolle Utopie«. Oblomows Utopie dagegen, Oblomows Traum war der einer ländlichen Idylle.

Auf einem kleinen Gartenstück, das ich gejätet und gedüngt habe, kann ich nun endlich eine Mischkultur ausprobieren, die ich schon seit längerem im Sinn habe: Lauch und Möhren. Sie gefällt mir schon wegen der Farben – orange und grün. Den Lauch habe ich in einem kleinen Laden in einem Vorort von Lucca bekommen. Die Möhren habe ich selbst gezogen, in einem großen Blechtopf mit einem Gemisch aus Sand und Komposterde. Heute morgen habe ich die Pflänzchen ins Gemüsebeet gesetzt.

Erst heute konnte ich mich dazu aufraffen, in meinen Kürbis- und Zucchini-Urwald einzudringen. Ich bahnte mir einen Weg durch die Blätter und entdeckte dabei die *Tromboncini d'Albenga*, Schlangenkürbisse, aus denen mittlerweile riesige, gewundene Exemplare mit einer glatten, gelben oder blaßgrünen Schale geworden sind. Ich legte sie zum Trocknen auf den Steintisch in die Sonne. Nun sehe ich bereits eine unermeßliche Zahl von Suppen und Risottogerichten vor mir. Der Tisch mit den Kürbissen weckt eine urwüchsige und vollkommen unvernünftige Freude in mir, denn schließlich brauche ich diesen ganzen Überfluß gar nicht. Es ist die Freude am Dicken, Großen, Vielen, an der Fruchtbarkeit, der Üppigkeit, der Hülle und Fülle. Genau wie beim Anblick der Artemis von Ephesos mit ihren unzähligen Brüsten oder der primitiven Fruchtbarkeitsgöttinnen mit ihren überdimensionalen Hinterteilen – es ist die Freude am Überfluß, die jede Not bannen soll.

Will man dem Wetterbericht glauben, wird die Hitze noch schlimmer. Doch es hilft alles nichts, ich muß die reifen Tomaten ernten, um sie zu trocknen. Ich habe einen elektrischen Dörrofen, den ich mir auf Angelos Rat hin gekauft habe. Doch angesichts der sengenden Hitze erscheint es mir absurd, ihn anzuheizen. Ich stelle die Tabletts mit den Tomatenscheiben auf den Tisch in die Sonne. Bestimmt werden sie dadurch noch schmackhafter und würziger.

Ein Windhauch wirbelt die Blätter auf meinem Schreibtisch durcheinander. Ich drehe mich zum offenen Fenster um. Löwenzahnsamen kreiseln wie kleine Ballone aus weißem Flaum durch die Luft. Einer landet auf dem Bimsstein am Fensterbrett. Im schrägen Licht des Spätnachmittags ist dies ein zauberhafter Anblick.

Meine Mixed-Pickles-Konserven haben einen merkwürdigen himbeerroten Schimmer. Vielleicht haben die roten Rüben abgefärbt. Auch kommt es mir so vor, als seien die Zucchini beim Einkochen zu weich geworden. Das wird sich zeigen, wenn ich die Gläser öffne. Einstweilen stehen sie auf dem Regal im Schuppen. Womöglich ähnele ich weniger Oblomow, als vielmehr seiner Frau, der tüchtigen, fleißigen Haushälterin, die das Haus mit Vorräten aller Art vollstopfte.

Das Wunderbare an diesen unerträglich heißen Tagen ist, daß sie mir einen Vorwand liefern, um im schattigsten und luftigsten Winkel des Hauses in aller Ruhe zu lesen, gestreichelt von einem Windhauch und mit dem fernen Zirpen der Zikaden im Ohr. In Stendhals Autobiographie *Leben des Henry Brulard* finde ich eine Passage zum Thema Jugendfreunde: »Es waren rechtschaffene, höchst vernünftige Menschen, die durch unermüdliche Arbeit oder Geschicklichkeit zwölf- oder fünfzehntausend Francs Gehalt oder Rente zusammengebracht hatten und die es nicht ertragen konnten, mich fröhlich, sorglos, glücklich zu sehen mit einem Heft weißen Papiers und einer Feder und mit nicht mehr als vier- oder fünftausend Francs zum Leben. Sie hätten mich hundertmal mehr geliebt, wenn sie mich betrübt oder unglücklich gesehen hätten, weil ich nur die Hälfte oder den dritten Teil ihres Einkommens hatte.« Stendhal war seinen Freunden ein Dorn im Auge, weil sie in ihm eine Lebensfreude ahnten, die ihnen fehlte und von der sie geglaubt hatten, sie durch disziplinierte Arbeit erlangen zu können. Was könnte unerträglicher für jemanden sein, der alles der Zukunft geopfert hat, als das freudbetonte Leben der Paviane, die Sorglosigkeit Stendhals und die schüchterne, faule Seligkeit Oblomows!

Es ist Abend. Die Sonne ist soeben hinter dem Berg verschwunden. Bleibt mir noch eine Stunde Tageslicht. Ich bin fertig mit dem Gießen. Harte, grüne Oliven hängen wie winzige Punkte in den Bäumen. Die Beeren an den Weinstöcken sind fest und trocken, und auch die Feigen sind grün und hart. Im Gemüsegarten reifen die Buschtomaten. Ich schaue zum Horizont. Der Hügel, den ich von meinem Feigenbaum aus betrachte, dreht mir wie eine lang ausgestreckte Riesin den Rücken zu. Ich sehe meinen Garten, ich sehe die Felder, und ich sehe in der Ferne wie eine Erscheinung das Bild der liegenden Göttin, der fruchtbaren Mutter Erde.

August

Hund Nino erntet Pflaumen · Oblomow als Kind und das Kind Fukuokas · Harte Rüben und die Wurzeln der Eremiten · Massimos Garten · Das Gemüse hat viel geschafft, ich weniger · Die Farben des jungen Gartens und der Verfall des alten · Ich reiße die Schlangenkürbisse heraus · Der Rhythmus der Jahreszeiten · Der heilige Franziskus und Fukuoka · Der erste Klarapfel · Nino bellt Igel an · Es will und will nicht regnen · Noch immer kein Regen · Frei erfundene Wetterberichte · Zu jung für die tropische Hitze · Das wolkenverhangene Gut · Feigen

Gestern abend habe ich meinen jungen Obstgarten gegossen. Erst fünf Tage sind seit dem letzten Mal vergangen, doch es tat not. Die winzigen Feigenbäumchen ließen kraftlos ihre Blätter hängen und auch die Pfirsich-, Aprikosen- und Birnbäume haben gelitten. Das ist ein trauriger Anblick, denn die jungen Bäume können sich noch nicht mit dem Schatten ihrer Krone gegen die Stiche der brennenden Sonne wehren. Mein Hund Nino strich um den Pflaumenbaum herum, den ich vor einigen Jahren schon als größeren Baum im Garten gepflanzt hatte. Er liebt Pflaumen über alles und sieht ständig nach, ob welche heruntergefallen sind. Doch es waren keine da. Also richtete er sich wie eine Ziege hoch auf, um an die Zweige mit den dunkelvioletten Früchten zu kommen. Er hätte springen müssen, um sie zu erreichen, doch unter meinen Blicken wagte er es nicht. Auf dem Weg zurück ins Haus blieb ich stehen und pflückte eine Pflaume. Ich kam mir ein bißchen gemein vor, weil ich so mit den Vorteilen des aufrechten Ganges vor Nino protzte. Doch das ist schon in Ordnung, denn ich möchte nicht, daß er sich einbildet, alles ernten zu dürfen, was ich angebaut habe. Im vergangenen Jahr erwischte ich ihn immer wieder dabei, wie er mit Heißhunger und mit vor Wonne geschlossenen Augen meine Weintrauben verschlang. Manchmal treibt er sich auch zwischen den Kirschtomaten herum. Irgendwann werde ich den Gemüsegarten wohl mit einem kleinen Zaun schützen müssen.

Ich denke weiter über Oblomow nach. Was ist denn so schlimm daran, wenn man lebt wie er? Warum soll das kein richtiges Leben sein? Er steht für Untätigkeit, Ruhe, Beschaulichkeit. Gestört nur durch die Konfrontation mit Menschen, die um jeden Preis nach Wachstum, Entwicklung und Modernisierung streben. Weshalb sollte die ländliche Idylle nichts als Verachtung verdienen? Oblomows Frau Agafja ist glücklich und zufrieden. Muß man dieses Glück verurteilen, nur weil es nicht prestigeträchtig ist und auf ein schlichtes Gemüt hinweist? Haben wir es hier nicht im Grunde mit der gleichen Lebensfreude zu tun, die Barbara Smuts sogar mit etwas Neid bei den Pavianen bewunderte? Doch hier liegt das Problem – in der Anmaßung nämlich, über den Tieren stehen zu wollen. Die Verachtung für Oblomows Trägheit, die der eines Löwenmännchens ähnelt, das nur beim rasanten Liebesspiel aktiv wird, erwächst aus der arroganten Verachtung der Tiere. Oblomow scheint das Glück der Tatenlosigkeit gefunden zu haben. Doch er ist sich seiner nicht sicher, weil er nicht weiß, wie er sich vor einem tatkräftigen Menschen rechtfertigen soll. Seine Lebensweise geht nicht einmal auf einen vernünftigen Entschluß oder ein bewußt gefälltes Urteil zurück. Auch darin ist er zu seinem Unglück passiv. Obendrein wird er verachtet, weil er nicht arbeitet, weil er ein Schwächling ist und weil er es nicht geschafft hat, seinem Wesen und seinen ursprünglichen Tugenden treu zu bleiben. Gontscharow beschreibt uns Oblomow als Kind, das sich kaum von dem Menschenjungen unterscheidet, das Fukuoka sich vorstellt. Er reißt einer Heuschrecke die Flügel aus und durchbohrt sie mit einem Strohhalm, ohne sich zu fragen, ob dies gut oder schlecht sei, ohne einen Unterschied zwischen sich und der Welt wahrzunehmen. Nachmittags, wenn die Erwachsenen in einen bleiernen Schlaf fallen, streift der kleine, quicklebendige Oblomow durch die Felder und gerät in eine Schlucht. Hier kehrt er um, verschreckt durch die Geschichten der Erwachsenen und des Kindermädchens. Er hat Angst vor dem Bären mit dem Stelzbein, einer Art Käpt'n Hook, hat Angst, zu ertrinken, wenn er im Fluß badet, und hat Angst, sich an den Füßen zu erkälten, wenn er durch den feuchten Wald spaziert. Das Kind Oblomow ist hin und her gerissen zwischen mütterlicher Verzärtelung und volkstümlichem Aberglauben. Und nimmt die Märchen, die ihm das Kindermädchen erzählt, für bare Münze. Bis zuletzt träumt Oblomow, »er habe jenes Gelobte Land erreicht, in dem Milch und Honig fließen, wo man Brot ißt, das man sich nicht verdient hat, wo man in Gold und Silber gekleidet geht«. Er bleibt gefangen in dem Zustand des allzu behüteten, verhätschelten Kindes, dem Märchen Angst machen oder müßige Träumereien bescheren. Gontscharow verdeutlicht, daß Oblomow sehr wohl in der Lage gewesen wäre, für die Verwirklichung seines Traumes zu kämpfen, wenn man ihn nicht verbogen und verdorben hätte. Auch in ihm schlummerte einst der Keim eines Ideals. Doch es sind Leute wie sein Freund Stolz, die letztlich gewinnen. Dieser kritisiert Oblomow mit den Worten: »Du bist zugrunde gegangen, Ilja, dein Gut wird nach etwa vier Jahren eine eigene Bahnstation haben, und deine Bauern werden einen Bahndamm aufschütten. Dann wird dein Korn mit der Bahn in den Hafen rollen. Und dann ... Schulen, Bildung und so weiter ... Nein, du würdest vor dem Morgenrot des neuen Glücks erschrecken; den ungewöhnten Augen würde es wehtun.« Oblomows Welt ist zum Untergang verurteilt. Gleichwohl sieht er darin ein leuchtendes Prinzip. Es ist ein ruhiges Fleckchen ohne grandiose Gebirge oder wilde Meeresfluten, wo der Himmel sich an die Erde zu schmiegen scheint, um sie fester zu umarmen und »die Hügel gleichsam nur Modelle jener furchtbaren, aufgetürmten Gebirge sind, die unsere Einbildungskraft schrecken«. Also Berge wie der Monte Pisano und so rund wie die Berge auf Kinderzeichnungen. »Ein von aufregenden Erlebnissen zerquältes Herz oder ein Herz, das solche Erlebnisse nie gekannt hat, weiß ja nur um die eine Sehnsucht, sich in diesem versunkenen Erdenfleck zu verbergen und dieses von niemandem erkannte Glück zu durchkosten.« Mit anderen Worten, ein Glück am Rande, das kein Aufsehen erregt und selbst im bürgerlichen Tod noch ein Leben, das sich selbst genügt. Oblomow träumt weiter von einem Bauern, der fröhlich den Regen begrüßt: »Der Regen näßt, die Sonne trocknet wieder«. Auf diesem abgelegenen Fleckchen Erde, zu dem nie eine Neuigkeit vordringt, sind alle froh, zufrieden und sorglos. Niemandem kommt es in den Sinn, daß der Mittelpunkt der Welt woanders sein könnte oder daß es überhaupt einen Mittelpunkt gibt. Wer hier wohnt, kommt nicht in die Versuchung, »sein Leben mit dem anderer Menschen zu vergleichen, um festzustellen, ob man gut lebte oder schlecht, ob man reich war oder arm und ob man sich noch irgend etwas hätte wünschen können, was andere Leute besaßen.« Es fehlte der Vergleich, das unterscheidende Urteil, das für Fukuoka die Ursache jeder menschlichen Trennung und Unzufriedenheit ist. »Die glücklichen Menschen lebten so hin in dem Glauben, daß es gar nicht anders sein könne und waren fest davon überzeugt, daß auch alle anderen genauso lebten wie sie und daß es eine Sünde wäre, auf andere Weise zu leben.« Auch das *Tao-Te-*

King schildert das ideale Glück in einem Land ohne Bildung (LXXX). Durch Unwissenheit der Möglichkeit beraubt, A mit B zu vergleichen, wie jeder es kann, der weder nur in A noch nur in B wohnt, werden sie nicht von der Unruhe erfaßt, die all jene umtreibt, die wählen können und folglich müssen. Sie leben ausnahmslos in der Gegenwart. Natürlich lächelt Gontscharow über Oblomows Traum von den braven Menschen, denn »nie kam es vor, daß sie sich mit nebelhaften Problemen der Moral und des Verstandes den Kopf zerbrachen. Darum waren ihre Gesundheit und ihre Laune stets vortrefflich, darum hatten sie ein langes Leben. Vierzigjährige Männer hielten sich noch ganz gut wie Jünglinge«. Es waren gute Leute, die »das Leben lediglich als ein Ideal der Ruhe und Tatenlosigkeit auffaßten, die nur gelegentlich durch verschiedene fatale Zufälle unterbrochen wurden«, und die »Arbeit als eine Strafe« erduldeten. In Oblomows Traum »wurde die Eintönigkeit dieses Lebens durch nichts gestört. Die Bewohner von Oblomowka empfanden sie auch nicht als Last, weil sie ganz außerstande waren, sich ein anderes Leben vorzustellen; und selbst wenn sie es hätten tun können, hätten sie sich voller Entsetzen davon abgewandt«. Kurz und gut, sie langweilten sich nicht, weil ihnen das Bewußtsein, sich zu langweilen, versagt war. Von all dem träumte Oblomow und merkte nicht, daß inzwischen auf seinem realen Landgut gierige Verwalter ihr Unwesen trieben, die Bauern auspreßten und ihrem untüchtigen, sanftmütigen, vertrauensseligen Herrn nur einen Bruchteil seiner Einkünfte schickten. Nur hier liegt Oblomows Versagen, also nicht darin, daß er dieses Ideal hatte, sondern darin, daß er es nicht durchsetzen konnte, daß er es nicht aus dem Zustand kindlicher Träumerei in den Zustand kritischer Beurteilung überführte. Darin, daß er nicht die Kraft hatte, dem siegreichen Modell von Leuten wie Stolz sein eigenes entgegenzusetzen. Doch in einer Zeit, da man sich vom Fortschritt alles erhoffte, wäre es zuviel verlangt gewesen, auch die Zerstörungen vorherzusehen, die er mit sich bringen würde. Es ist schon außergewöhnlich, daß Gontscharow in diesem Land, das geradezu versessen darauf war, den Westen einzuholen, andere Werte überhaupt für möglich hielt.

Die roten Rüben sind schön dick geworden und ragen fast völlig aus dem Boden heraus. Ich esse diese kräftig rotbraunen Früchte gern in ganz einfacher Zubereitung. Ich schäle sie, schneide sie in nicht zu feine Scheiben und würze sie nicht. Ihr Fruchtfleisch ist fest und läßt sich nicht so leicht kauen. Zunächst schmecken sie mild und fast wie Radieschen, allerdings ohne deren ätzende Schärfe. Dann werden sie würziger, und schließlich stößt man nicht so sehr aus einem Gefühl des Sattseins, sondern aus einem Gefühl des Satthabens einen Seufzer der Erleichterung aus, wenn man sie endlich hinuntergeschluckt hat. Ich vermute, daß die hungrigen, hageren und gleichwohl kräftigen Eremiten etwas Ähnliches empfunden haben: ein paar Bissen Wurzelwerk und schon war der nagende Hunger besänftigt.

Ich hatte ursprünglich mit dem Gedanken gespielt, Fukuoka in Japan zu besuchen, doch als ich gestern bei Massimo und Giovanna in Tereglio war, merkte ich, daß der Lehrmeister, die Vision und die Inspiration ganz in der Nähe zu finden sind. Ich wollte mir die Gurken ansehen, die Massimo aus dem Moskauer Samen gezogen hat. Sein nach Osten liegender Garten war zu dieser Nachmittagsstunde sehr schattig, frisch und üppig. Der steile Hang, in den Massimo in geduldiger Arbeit mit der Hacke Wege geschlagen hatte, ist von allem etwas: ein Blumengarten, ein Gemüsegarten, ein der Natur sanft und ohne Triumphgeschrei entrissener Berghang, wo das Bemühen spürbar wird, alles weiterhin natürlich gewachsen aussehen zu lassen, wo die Pflanzen, die sich ganz dem verfügbaren Raum anschmiegen, die Herrschaft übernommen haben und in den unvorhersehbaren Formen gedeihen dürfen, die sie in freier Natur entwickeln. Es ist ein »leiser Garten«, wie Giovanna ihn poetisch nennt. Dort gab es fast unsichtbare Pflaumenbäume, deren Zweige mit den runden, ins Indigo spielenden grünen Früchten sich mit den Stengeln der Dahlien mischten. Da ich an der Böschung auf einem tiefergelegenen Weg stand, hingen mir die Pflaumen praktisch in den Mund und gaben mir das Gefühl, es nicht mit einem gewöhnlichen Obstbaum zu tun zu haben, der es erforderlich macht, daß man auf ihn hinaufklettert oder eine Leiter holt, wenn man ihn abernten möchte. Das ist das Wunderbare an steilen Hängen. Immer gibt es einen Punkt, von dem aus man alles erreichen kann, was dort wächst. Es ist, als wäre die Schwerkraft besiegt. Bewegt man sich durch dieses Grün, fühlt man sich wie in einem Aquarium, wie ein Fisch, der umherschwimmt und alles anknabbern kann. So wird es auf meinem Hof niemals sein, doch das ist nicht so wichtig. Wichtig ist allein die Inspiration, die von diesem Hang ausgeht, der Anblick dieses Geflechts aus Bäumen, Früchten und Blumen wie auf einem Wandteppich aus Cluny. Oder wie auf einer Leinwand. Obwohl ich auch meinen Hof als eine große, bemalbare Leinwand empfinde, bietet sich der Garten von Massimo und Giovanna für diesen Vergleich viel eher an. Durch seine Schräglage erinnert er wirklich an ein Bild auf einer Staffelei. Um meinen Hof mit einem Blick erfassen zu können, müßte ich mich gegen die Natur in die Lüfte schwingen und ihn von oben betrachten. Zwar liegt auch er an einem Berghang, doch ist die Neigung kaum spürbar. Nur vom Fenster meines Arbeitszimmers aus wirkt er wie ein Gemälde, überlegte ich, während ich mich mit Pflaumen vollstopfte. Ich arbeitete mich bis zu den Tomatenbeeten vor. Massimo hat eine andere Pflanzmethode als ich. Jede Tomate hat ihren eigenen, sehr hohen Stab, der nicht schräg, sondern senkrecht steht. Mit dem Ergebnis, daß die Pflanzen, die im Zuge ihres Wachstums immer wieder sorgfältig mit Gummiband befestigt wurden, nun riesig sind, viel größer als ich. Auch hier genoß ich das wunderbare Gefühl, die köstlichen Früchte in Augenhöhe zu haben, saftig und noch herbgrün. Dagegen wirkt mein Tomatengestell nach der großen Hitze etwas vertrocknet, und wenn ich die Früchte pflücken will, muß ich mich bücken. Bei Massimo sind die Tomaten so gepflanzt, daß diese Mühe entfällt. Alles ist zum Greifen nahe wie im Garten Eden auf den Bildern von Cranach, wo Adam nur die Hand nach der Frucht ausstrecken muß. Ich stand ein Weilchen in die Schönheit dieses Bildes versunken da: grüne Tomaten an strohgelben Stäben vor dem dunklen Blattgrün auf der körnigen, sorgfältig gejäteten Komposterde. Ich hätte nicht mehr sagen können, ob ich einen Gemüsegarten oder ein Gemälde von Monet vor mir hatte, vielleicht einen Ausschnitt aus seinem Garten in Giverny.

Die große Hitze ist vorüber. Die Phase des lethargischen, afrikanischen Sommers vorbei. Es gibt keinen Regen. Das Laub der Feigen verwelkt und fällt ab, das der Ahorne auch. Als ich durch mein Ostwäldchen gehe, rascheln die zusammengerollten, gelben Blätter, als wäre es bereits Herbst. Wir haben zwar immer noch Hochsommer, doch mir ist, als sei die Jahreszeit nun zu Ende, vielleicht, weil im Gemüsegarten die Früchte zur Neige gehen, besonders die Tomaten und Zucchini. Es ist ein sonderbares Gefühl, am Ende des Lebenszyklus dieser Pflanzen anzukommen, die ich teils selbst gesät, teils als Keimlinge in den

Boden gesetzt habe, ein Gefühl der Müdigkeit. Ich müßte sie jetzt herausreißen, dürfte mich nicht von den letzten, kümmerlichen Zucchini anrühren lassen, die noch weiterwachsen wollen, und sollte den Boden für die neuen Kulturen vorbereiten, die ich dann im Herbst und Winter ernten kann. In Gedanken bin ich schon in der kalten Jahreszeit, obwohl es noch warm ist und auch noch nicht mit Regen zu rechnen ist, der es mir dann erlauben wird, die beiden brachliegenden Gemüsefelder umzugraben.

Der russische Paprika im Tiefbeet ist fast reif, und jetzt müßten auch die Rüben geerntet werden, doch ich lasse sie noch in der Erde, belagert von Tomaten und Zucchini, die es nicht eilig haben, verspeist zu werden. Meine Gemüsepflanzen haben sich wacker gehalten und viele Früchte getragen, und das, obwohl ich sie besser hätte behandeln müssen. Ein bißchen haben sie allerdings doch gelitten, weil ich sie nie mit Erde angehäufelt habe. Ich war nicht besonders fleißig und hätte viel mehr Pech mit ihnen haben können. Erweist sich mein Gemüsegarten als ein weniger gestrenger Lehrmeister, als ich dachte?

Ich bringe es nicht übers Herz, die Zucchini wegzuwerfen. So müde und erschöpft sie auch sind, produzieren sie doch immer noch zahlreiche Blüten und kleine, gewundene Früchte. Doch ich muß die Gemüsefelder freiräumen. Auf dem ersten habe ich bereits damit begonnen, die Bohnen zu entfernen. Was für ein himmelweiter Unterschied liegt zwischen meinem ersten Gemüsegarten und dem zweiten mit seinen Tiefbeeten! Der erste erscheint mir jetzt wie ein Schmierheft voller Fehler und Klecksereien. Die Tiefbeete dagegen stehen in üppiger Pracht. Doch ich bin ungerecht. Das erste Feld ist älter, während das zweite frisch angelegt ist. Es ist, als wollte ich einen Siebzigjährigen mit einem Zwanzigjährigen vergleichen. Im ersten Gemüsegarten gibt es noch immer viele Früchte, obgleich er von der Zeit und von den Strapazen des Sommers gezeichnet ist, denn er versorgte mich mit Tomaten, Zucchini, Bohnen, Rüben, Radicchio, Okras und Zinnien. Er war ein großzügiger Garten, der mich unablässig beschenkte, obwohl ich seinen Boden nur selten und schlecht auflockerte. Jetzt ist er schlapp, runzlig, zusammengeschrumpft und müde. Er trägt alle Merkmale des Alters. Sagen wir es freiheraus: Er ist häßlich geworden und macht eine schlechte Figur neben dem jüngeren Gemüsefeld, das mit saftigen Kardonenblättern, jungen Bohnen und gigantischen Salatköpfen prunkt. Der alte Garten hat blaßviolette Farben, der junge erstrahlt in leuchtenden, frischen Nuancen. Als ich die Bohnen herausreiße, fühle ich mich wie ein Totengräber.

Die Tage sind nun kühler und frühmorgens schon fast kalt. Ideale Temperaturen, um sich mit einer Tasse Tee zu stärken und in den Gemüsegarten zu gehen. Ich habe beschlossen, das Tiefbeet mit den Schlangenkürbissen freizuräumen. Ich fühle mich wohl bei dieser Arbeit, die auch den Kopf freiräumt – ganz allein vor dem Hügel, in einem Schweigen, das durch vereinzeltes Vogelgezwitscher und mit dem frischen Duft der Kürbispflanzen noch dichter wird. Die Ernte ist mager: etwa zwanzig kleine, zarte Kürbisse, einige Schößlinge und ein Blumenstrauß. Ich lade den Pflanzenabfall in die Schubkarre, fahre ihn zum Komposthaufen und jäte anschließend das Tiefbeet.

Im weichen, diffusen Licht des Sonnenuntergangs werfe ich einen zufriedenen Blick auf meinen Garten. Ich passe mich langsam dem Rhythmus der Jahreszeiten an.

Endlich, zunächst mit viel Aufwand, doch dann immer müheloser, ist es mir gelungen, das verklemmte und verrostete Räderwerk meines Gartens in Gang zu bringen, das nun glänzend und wie geschmiert läuft. Irgendwann wird es ganz von allein arbeiten, ohne daß ich es erst ankurbeln muß. Genau das wollte ich erreichen, diesen wunderbaren Zyklus von Werden, Wachsen und Ernten, einer Ruhepause für den Boden und dann erneutes Werden, Wachsen und Ernten, bis der Garten ein Mandala des fortwährenden Neubeginns der Natur ist, des Kreises, in dem Shiva tanzt.

Ich denke, wie so häufig, wieder einmal über Fukuokas Prinzip des »Nicht-Tuns« nach und frage mich, ob es nicht eigentlich im Widerspruch zu seiner Lehre stünde, wenn ich ihn in Japan besuchte. Muß ich denn, um seine Philosophie zu verstehen, wirklich erst zu diesem alten Mann reisen, der nur Japanisch spricht? Muß ich seine Lebensweise, seine Felder, seinen Blick und die Menschen, die ihn umgeben, wirklich mit eigenen Augen sehen? Ja und nein. Ist dies vielleicht nur ein Vorwand, um einmal nach Japan zu fahren? Möglich. Welchen Sinn könnte es schließlich haben, in einem völlig fremden Klima nach Lehren für den eigenen Garten zu suchen, zumal ich inzwischen begriffen habe, daß man nur durch eigenes Handeln lernt? Soll denn in meinem Land niemand gelebt haben, der ähnliche Ansichten vertrat wie Fukuoka? Was, wenn Fukuokas Lehre eine fernöstliche Version unseres *ora et labora* wäre? Mir fällt der heilige Franz von Assisi und sein *Sonnengesang* ein, Schwester Sonne, Schwester Erde, Bruder Feuer, Schwester Quelle. Seine mystische Eheschließung mit der Armut. Ich nehme ein Buch mit seinen Schriften zur Hand, das ich vor einigen Jahren in Assisi, dem früheren Ascesi, gekauft habe. Sein Stil klingt altmodisch und blumig. Im ersten Teil erzählt es die Lebensgeschichte des Franziskus, dann folgen die Ordensregeln und schließlich poetische Schriften wie der *Sonnengesang* und nicht zuletzt die *Fioretti*, die jedoch erst nach Franziskus' Tod entstanden sind. Was finde ich? Nichts, was unmittelbar mit der Landwirtschaft zu tun hat, doch einige Berührungspunkte gibt es durchaus. Etwa seine Verbindung mit der *Madonna Povertà*, mit der Armut, die Franz als seine Herrin und Braut bezeichnete, also den Entschluß, den Reichtümern der Welt zu entsagen, da sie weder liebenswert noch wahrhaft schön sind. Oder auch den Verzicht auf die Wissenschaft als etwas Müßiges, um als einfältig zu gelten, als jemand ohne Bildung und Kultur. All dies setzt das Bewußtsein voraus, daß nichts von dem, was der Mensch erfunden hat, wirklich wichtig ist. Doch wichtig wofür? Für das Glück der Menschheit, sagt Fukuoka. Für die Seligkeit, sagt der heilige Franz. Doch was ist Seligkeit eigentlich? Sind Glück und Seligkeit nicht im Grunde ein und dasselbe? In den *Fioretti* und den *Lauden* lesen wir, daß Seligkeit Freude ist, daß sie Glück ist, welches von der Sünde entfernt. Freude und Fröhlichkeit sind für Franz von Assisi sogar heilbringender als einige sogenannte tugendhafte Taten, etwa die von ihm getadelten Entbehrungen, die man nur traurig und mißvergnügt auf sich nimmt. Und so mancher Scheinheilige, der Tugend vortäuscht, besitzt diese nicht, sonst würde ihm der Verzicht Freude bereiten. Franz von Assisi und Fukuoka haben den Glauben an die Natur gemeinsam, ihre Verehrung der Sonne, des Feuers, des Wassers und sogar des Bruders Tod. Ich glaube, Fukuoka hätte mit dem heiligen Franz die Liebe zu den Vögeln geteilt, die nicht pflügen, nicht säen, nicht ernten und dennoch ernährt werden. Fukuoka empfiehlt eigentlich nichts anderes, als es diesen Tieren gleichzutun, auf übertriebenes Handeln zu verzichten und sich mit dem zufriedenzugeben, was die Natur zu bieten hat. »Lerne,

Bitteres dem Süßen vorzuziehen«, sagt Franziskus im Jahr 1207, dem Jahr seiner Bekehrung. Wie sollte man bei der Metaphorik von Süßem und Bitterem nicht auch an Fukuokas Kritik an dem von der Zivilisation verdorbenen menschlichen Gaumen denken, der sich an den Genuß von süßen, statt bitteren Dingen gewöhnt hat, was dazu führte, daß Gemüse mittlerweile so degeneriert wird, daß es seine ursprüngliche Festigkeit und Herbheit verliert und den menschlichen Körper mit Diabetes bedroht. Fukuoka findet Seligkeit und Lebensfreude im Kontakt mit der Erde und den Naturgewalten. Ebenso der heilige Franziskus, der sich allerdings dem Joch der Kirche unterwarf. Dem Papst, der eine Regel für seine Bruderschaft von ihm verlangte, wollte er sich zunächst widersetzen. Aber schließlich faßte er sie doch ab. Heutzutage erinnern wir uns kaum noch daran, daß im christlichen Abendland über Jahrhunderte hinweg jeder, der sich nicht zur Kirche bekannte, schlichtweg umgebracht wurde. Vielleicht hätte sich Franz von Assisi ohne seinen Versuch, den Sultan von Ägypten zu bekehren, ohne sein Augenleiden, ohne Büßerhemd, Keuschheitsgelübde und Mortifikation, kurz: ohne die Kirche, auch mit Fukuoka verstanden.

Ich habe den ersten Klarapfel gepflückt, von einem Bäumchen, das ich mit fünf weiteren vor drei Jahren gepflanzt habe. Dieses Jahr trägt es Früchte. Sie sehen aus wie die Granny-Smith-Äpfel aus dem Obstladen. Es war sonderbar, diesen perfekt geformten Apfel mit der hellgrünen, festen Schale zu ernten, denn er ist nicht anders als die aus dem Supermarkt. Dabei kommt er doch von meinem Baum, und zwar ohne daß ich etwas dafür getan habe, abgesehen davon, daß ich ihn in ein großes Loch mit gut abgelagertem Kuhmist pflanzte. Kaum war ich wieder in der

Küche, habe ich den Apfel gegessen. Er war noch nicht reif und vielleicht einige Wochen im Rückstand. Trotzdem schmeckte er gut. Sein Fruchtfleisch war fest, saftig und knackig. Mal sehen, wie die anderen werden – noch etwa ein Dutzend –, wenn ich sie noch eine Weile am Baum lasse.

Nino begann heftig zu bellen. Am Klang seines Gekläffs hörte ich, daß er hinter den Igeln her war. Ich lief aus dem Haus und wies ihn zurecht. Er bedachte mich mit einem trüben Blick, wie er es immer tut, wenn er weiß, daß er etwas anstellt, was mir nicht gefällt, was er aber nicht lassen kann. Dann wirkt er noch dunkler als sonst. Sein für gewöhnlich glänzend schwarzes Fell wird dann matt wie Schiefer oder Staub, und auch sein ausweichender Blick verliert den üblichen Glanz.

Es will und will nicht regnen. Gedämpftes Donnergrollen nur in der Ferne. Nino kläfft gereizt. Im Nordosten ist der Himmel schwarz, im Süden heiter, licht und transparent. Es ist wie auf einem zweigeteilten Bild, als träfen zwei grundverschiedene Stimmungen aufeinander. Ich liege erschöpft von dem Gewitter, das sich einfach nicht entladen will, in der Hängematte und beobachte eine Wolke, die langsam zu kreisen beginnt. Sie sieht aus wie das Auge eines Hurrikans. Sie dreht sich und dreht sich, doch ganz geruhsam, ohne schneller zu werden. Schließlich steht sie still und löst sich auf. Der Himmel ist wieder wolkenlos. Auch heute regnet es nicht.

Es herrscht immer noch große Trockenheit. Werden die Pflanzen das aushalten? Ich gieße, so viel ich kann, und fürchte, daß der Hof verdorrt. Je länger die Dürre anhält, um so weniger erreiche ich mit dem Wässern. Ringsumher ist es viel zu trocken, das Wasser ist im Nu aufgesogen und versickert, der Durst zu groß.

Kein Regen, kein Regen, kein Regen. Der 15. August, Mariä Himmelfahrt, ist vorbei, doch der übliche Regenguß ist ausgeblieben. Der möglicherweise frei erfundene Wetterbericht verspricht jeden Tag aufs neue unverändert Niederschläge für vier Tage im voraus. Schade nur, daß sich diese Vorhersage von Tag zu Tag unweigerlich nach hinten verschiebt.

In den letzten zehn Tagen war es so unerbittlich heiß, daß viele von den Pflänzchen vertrocknet sind, die ich in das Tiefbeet gesetzt hatte, auf dem zuvor die Kürbisse wuchsen. Sie waren zu zart, um bei der tropischen Hitze und bei mehr als zwölf Stunden Sonneneinstrahlung täglich nicht verbrannt zu werden. Man sagt, der günstigste Zeitpunkt für Neupflanzungen sei nach Mariä Himmelfahrt, und diesen Rat habe ich befolgt. Doch ich hätte besser daran getan, zu berücksichtigen, daß dies kein normaler 15. August war und die Toskana sich in einen glühenden Backofen verwandelt hatte, der noch ausgedörrter als Sizilien war.

Heute morgen bei Sonnenaufgang war das Gut wie in eine Wolke gehüllt. Überall hingen feine Wassertropfen, doch es hat nicht geregnet. Es war nur der Durchzug einer feuchten Luftströmung, ein Atemhauch der warmen Nacht, eine dunstige Brise, die nicht zu Regen wurde. Alles ist mit Tropfen benetzt – der Nachtschatten, die Zistrosen, die Rosen. Die Feuchtigkeit verstärkt den Duft von Raute, Rosmarin, Feige, Bergminze und Fenchel. Soviel Nässe dürfte genügen, um alles zu durchtränken wie ein Regenguß. Etwas von der milden Mattigkeit des Herbstes, dem nahezu schmerzlichen Wohlbehagen der letzten Sonnentage liegt schon in der Luft. Zum erstenmal seit Monaten ziehe ich meine Gummistiefel wieder an und streife mit einem Baumwollshirt über dem Nachthemd durch die Gegend, um den Himmel auszuspähen. Ein aufgescheuchter Fasan fliegt mit überstürztem Geflatter in die Höhe. Wer weiß, wie der Tag wird. Ich habe mir jedenfalls vorgenommen, ein paar Feigen zum Trocknen zu ernten.

Meine Feigenbäume sind sehr hoch und schon vom Alter gezeichnet. Einer hat die Hälfte seines Stammes eingebüßt. Er fristet sein Leben nun mit der anderen Hälfte und trägt noch viele Früchte, doch ich finde auch Späne von totem Holz auf seinen Blättern. Es ist eine Weiße Feige mit üppigen, sehr süßen Früchten. Die Feigen an den obersten Ästen fallen allesamt den Ameisen, Wespen und Vögeln zum Opfer. Doch von den untersten Ästen kann ich immer etwas ernten, zumindest soviel, wie ich brauche. Heute möchte ich die Feigen trocknen. Ich habe fünf Tabletts belegt. Da die Sonne nicht scheint, habe ich sie in den elektrischen Dörrofen geschoben, obwohl ich auch den Backofen benutzen könnte. Das Trocknen an der Sonne würde einen Monat dauern, und die jetzige Jahreszeit läßt nicht auf soviel Beständigkeit hoffen. Sind die Feigen trocken, kann man sie lassen, wie sie sind, oder sie auch mit einer geschälten Mandel füllen, mit Grappa übergießen und flambieren. Man kann aus ihnen aber auch Süßigkeiten für den Winter zubereiten.

Der Herbst kehrt wieder

Immer am Rand des Regens · Neue Arbeitslust · Eine Stimmung wie nach der Beendigung von Bauarbeiten · Stickstoff und Kalium · Das neue Gartenjahr · Leichte Düngung für die Sträucher · Kürbisse · Peter Smithers und die zunehmende Verringerung der Arbeit ·Ein verborgenes Drehbuch · Gute Ernte im alten und im neuen Gemüsegarten · Immer noch auf den Tiefbeeten · Nackte Erde · Das Gras wächst nach · Bomben · Edle Garderobe oder Räuberzivil · Ein Korb voll Quitten, Granatäpfel und Mispeln · *Der Schweizerische Robinson, Robinson Crusoe* und *Oblomow* · Der unverzichtbare *wild patch* · Angelo zum Thema Mangold und Kardonen · Ich heize den Holzofen · Der Spaghetti-Kürbis · Lehrmeister · Was ich esse · Die Schnecken feiern Feste · Ich binde die Kardonen zusammen · Der Sturm köpft die Kardonen · Der Frost kommt wirklich · Fukuoka und das Tao · Ich säe Saubohnen, Erbsen und Zuckerschoten · Aus Schaden wird man klug · Die gefüllte Vorratskammer

Hier, wo ich wohne, am Monte Pisano, regnet es immer ringsumher, doch nicht bei mir. Es kann hundert, fünfzig, dreißig oder auch nur fünf Meter entfernt regnen, doch nicht bei mir. Es gießt in Lucca, in Camaiore, in der Garfagnana. Doch mein Gehöft bleibt stets am Rand der Wolkenwände. Hier ist jeder Regenguß wie ein Geschenk des Himmels. So auch heute bei der ersten Wetterstörung, die den Sommer vertreiben wollte. Ich kam mit dem Auto aus Alpe di Sant'Antonio in der Nähe des Pania Secca herunter, und der Regen prasselte wie wild gegen die Fensterscheiben. Der nasse Asphalt glänzte schwarz, und bisweilen fuhr ich durch Pfützen, die tief wie kleine Seen waren, so daß es ordentlich spritzte. Dann ließ der Regen allmählich nach, und als ich zu Hause ankam, waren da nur noch ein paar spärliche Tropfen und die Spuren von etwas Feuchtigkeit. Immerhin, es hat auch bei mir geregnet, wenn auch nur mäßig. Es ist Nacht, der Vollmond kommt zwischen den Wolken hervor, eine blaßgoldene Scheibe am weißgestreiften Himmel. Auch in der Dunkelheit spüre ich, daß der Garten wie neugeboren ist, er verströmt einen frischen Duft. Der Regen hat ihn zu neuem Leben erweckt.

Endlich habe ich wieder Lust, auf den Beeten zu arbeiten. Kaum sinkt die Temperatur um einige Grad, schon sind Energie und Tatendrang wieder da. Und auch die Möglichkeit, etwas zu tun. Vor dem Regen wäre nicht daran zu denken gewesen, in den steinharten Boden zu stechen. Nun lockere ich ihn mit der Hacke an den im Frühling gepflanzten Fliedersträuchern auf, die irgendwann den Komposthaufen als Hecke vor der direkten Sonneneinstrahlung schützen werden. In der Schubkarre liegt als kleine Stärkung für die vom Sommer erschöpften Pflanzen ein Sack Stallmist. Den bringe ich in den Boden ein. Ich spüre, daß die Sträucher genau wie ich zu neuem Leben erwachen, daß sie die Reglosigkeit einer schier endlosen Siesta abschütteln, sich strecken und wieder zu wachsen beginnen. In diesem letzten Sommermonat und zu Beginn des Herbstes erleben sie einen zweiten Frühling.

In dieser Jahreszeit herrscht im Gemüsegarten eine Stimmung wie auf einer Baustelle nach Beendigung der Arbeiten. Ich ernte Kürbisse, die letzten Zucchini und das, was noch von Tomaten, Auberginen und Paprika übrig ist. Ich verabschiede mich vom Sommergemüse. Bald steht der Winter vor der Tür. Jeder Eindruck von Üppigkeit vergeht nun. Auf die Landschaft legt sich ein Schleier von Tod, Krankheit, Alter und Verlust. Die Baumkronen auf dem Monte Penna hinter dem Haus tragen Flecken aus verbranntem Braun. Die ersten Schüsse hallen herüber. Die Jagdsaison wird eröffnet, ein merkwürdiger Zeitvertreib.

Daß der Gemüsegarten so erschöpft ist, kann auch an mir liegen. Ich habe mich nicht richtig um die Pflanzen gekümmert. Immerfort war ich darauf bedacht, den Boden zu verbessern. Ich setzte die Pflanzen lediglich in die Erde, versah sie mit Stützen und wässerte sie. Doch ich düngte sie nicht ausreichend. Wie aber soll man überhaupt düngen? Die Meinungen darüber gehen auseinander. In einem Gartenbuch lese ich, daß Stickstoff das Pflanzenwachstum anrege, also die Entwicklung der Blätter, während er für Blüten, Früchte und Wurzeln nutzlos, wenn nicht gar schädlich sei. Er müßte sich daher gut für Blattgemüse wie Spinat, Radicchio, Kopfsalat, Mangold und Artischocken eignen. Für andere Sorten empfehle sich Holzasche, die zwar Kalium, doch keinen Stickstoff enthalte. In einer Gartenzeitschrift lese ich dagegen, daß gerade in der Zeit des Früchtewachstums Stickstoff gebraucht werde, da der Boden dieses Element nicht speichere. Wer hat nun recht? Ich werde es wohl ausprobieren müssen und auch hören, was Angelo dazu sagt. Im Zweifelsfall werde ich im nächsten Sommer folgendes tun: Ich werde hin und wieder etwas Stallmist in Pulverform verteilen, denn dieser organische Dünger reichert den Boden auf jeden Fall an und verbessert seine Qualität. Er enthält alle Bestandteile, die für ein gesundes Pflanzenwachstum notwendig sind, in der richtigen Zusammensetzung: Stickstoff, Phosphor, Kalium, Schwefel, Magnesium, Bor, Zink und Eisen.

Jetzt, am Ende der alten Jahreszeit, da die neue schon so gut wie begonnen hat, ist das Gefühl der Vergänglichkeit im Gemüsegarten vorbei. Der erste Herbsttag ist zwar noch nicht angebrochen, doch die kühle Luft und die Möglichkeit, wieder mit frischer Energie ans Werk zu gehen, vermitteln bereits den Eindruck einer neuen Saison. Bestimmt begann das Jahr auch deshalb früher einmal im September. Praktisch gesehen beginnt es jedenfalls mit der Rückkehr aus den Sommerferien und der Wiederaufnahme des aktiven Lebens nach dieser strapaziösen Jahreszeit, in der man vor Hitze fast umgekommen ist.

An diesen strahlenden Tagen, die so frisch und lichtvoll sind, bin ich wirklich gern im Garten. Es ist nicht mehr wie am Anfang, als ich ständig nur neue Pflanzen in die Erde setzte. Inzwischen hat der Garten seine Grundstruktur. Für neue Pflanzungen bleibt kaum noch Raum. Nun muß das, was schon da ist und was ich vernachlässigt habe, als ich eifrig immer neue Anlagen schuf – die Mischhecke, der Olivenhain, der Obstgarten –, gehegt und gepflegt werden. Jetzt möchte ich zusehen, wie alles wächst und gedeiht. Ich lockere den Boden mit der Hacke, jäte rings um die Pflanzen, streue etwas Stallmist aus und bedecke ihn mit Erde. Diese leichte Düngung kräftigt die Sträucher nach den sommerlichen Strapazen und bringt sie besser über den Winter. Ein stärkerer Dünger würde die Pflanzen zum falschen Zeitpunkt zum Wachstum anregen.

Bevor ich im »alten« Gemüsegarten weiterarbeiten kann, muß ich warten, bis die Kürbisse reif sind. Leuchtend gelb und rund heben sie sich von der Trostlosigkeit des ausgelaugten Bodens ab und strotzen vor Kraft und Farbenpracht. Ich habe unter alle Kürbisse Teller gestellt, damit sie nicht faulen, denn es gibt wieder Regen, und nachts ist der Boden kalt und naß. Einige Zierkürbisse, die ich geschenkt bekommen habe, wachsen auch in meinem Garten. Doch viel lieber habe ich die sogenannten Spaghetti-Kürbisse gezogen, die ich bisher noch nie in der Küche verwendet habe, von denen ich jedoch weiß, daß man sie im Ganzen kocht, mit Schale und allem Drum und Dran. Wenn man sie danach aufschneidet, bekommt man feine Fäden, gerade so wie Spaghetti, und man bereitet sie auch wie diese zu – mit Öl oder einer Soße.

Wie sehr hat sich doch seit dem letzten Jahr meine Stimmung verändert! Zwar weiß ich, daß ich im Gemüsegarten noch vieles besser machen kann, doch deshalb gebe ich noch lange nicht auf. Es ist etwas gereift, und ich spüre, daß ich den richtigen Rhythmus gefunden habe. Ich weiß, wann ich säen muß und wann die Zeit für die Ernte oder für die Bodenbearbeitung gekommen ist. Ich bin mir noch nicht in allem sicher, doch zumindest soweit, daß ich nicht völlig auf verlorenem Posten stehe. Mit jedem Jahr werde ich mehr dazulernen, der Anfang ist schon gemacht. In einigen Jahren werde ich den Boden gezähmt haben. Die anfänglichen Pflanzarbeiten werden Vergangenheit sein, vor allem das anstrengende Graben zum Anlegen der Tiefbeete. Eine Weile werde ich Guidos Hilfe noch in Anspruch nehmen müssen, bevor ich alles allein schaffe. Doch schon jetzt kann ich auf dem von ihm angelegten Gemüsefeld allein mit Hacke und Heugabel arbeiten. Gestern abend habe ich Peter Smithers *Adventures of a Gardener* gelesen, ein Buch, das er im Alter von achtzig Jahren schrieb. Er zählt darin einige Prinzipien auf, die man beachten sollte, wenn man einen Ziergarten anlegt. Man sollte vor allem dafür sorgen, daß der Arbeitsaufwand im Laufe der Zeit nicht größer, sondern kleiner wird. Der Garten sollte »für seinen Besitzer und dessen Freunde eine Freude sein, keine Last oder Sorge«. Man sollte ihn so konzipieren, daß »die Mühe so gering wie möglich gehalten wird und die nötige Arbeit in dem Maße abnimmt, wie der Besitzer altert«. Mit dem Nachlassen der Kräfte sollte sich auch die Gartenarbeit reduzieren. Ich hoffe, daß dies auch in einem Gemüsegarten möglich ist, daß ich irgendwann einen lockeren, unkrautfreien Boden haben werde, der fruchtbar und leicht zu bearbeiten ist. Einen Boden, den man nur etwas mit der Hacke auflockern muß und in den man eine Pflanze oder einen Samen nur einzusetzen braucht, um sogleich ein üppiges Wachstum zu provozieren, so daß Gärtner und Garten in glücklicher Harmonie miteinander leben. Was für ein Glück übrigens, wenn jemand einen Garten erbt, dem bereits die Kräfte eines alten Menschen genügen.

Schon lange frage ich mich, woher mein Bedürfnis kommt, mit den Händen in der Erde zu wühlen. Ich glaube, jetzt weiß ich es, denn ich habe *Der geheime Garten* noch einmal gelesen. Bei diesem Buch erwachte mein Wunsch, Dinge um mich her, die tot oder hinfällig erscheinen, wiederzubeleben. Auf diesen Seiten formten sich meine Empfindungen und hatte mein Kummer über den Verfall des Hauses, in dem ich heute wohne, seinen Ursprung. Auch die Wehmut beim Anblick des verlassenen Hofes und meine Hoffnung, ihn mit neuem Leben zu erfüllen, gehen auf diese Lektüre zurück. Ich war tief beeindruckt, als ich erkannte, daß dieses Buch ohne mein Wissen und Wollen und ohne, daß ich es bewußt kopiert hatte, zum Szenario und zur Richtschnur meines Lebens geworden war. Es war ein vergessenes, ein »unterbewußtes« Buch. Vielleicht hat es sich gerade deshalb in mir festgesetzt wie ein verinnerlichtes Drehbuch, wie ein nur scheinbar zufälliger Impuls.

Kein Zweifel, ich habe wirklich einen Gemüsegarten. Ich staune noch immer darüber und bin nach wie vor entzückt von ihm. Er hat schon fast sein endgültiges Gesicht. Mit seinen wechselnden Fruchtfolgen mutet er wie eine Zeitschiene an, auf der sich die Jahreszeiten ablösen. Er gibt mir ein Gefühl tiefen Friedens. Der alte Garten, den ich vorschnell für verloren erklärt hatte, schenkt mir unentwegt Gemüse, obwohl er ziemlich unordentlich aussieht und das Unkraut wuchert, das ich inzwischen in Ruhe lasse. Ich werde später alles auf einmal mit der Heugabel jäten, anschließend den Boden düngen und ihm eine Ruhepause von einem ganzen Jahr gönnen. Er hat sie nötig, denn er wird schon das zweite Jahr in Folge bebaut und ist sicher ausgelaugt. Auf dem zweiten Gemüsefeld ernte ich Rote Bete, Rüben, Rucola und Radicchio. In knapp einem Monat wird es Zeit sein, die Kardonen zu bleichen, deren wunderschöne Blätter allmählich riesig werden und in vollständiger Makellosigkeit vom Weiß ihrer Adern in ein milchiges Grün hinüberspielen.

Guido ist gekommen, um weiter Tiefbeete auszuschachten. Heute arbeitet er auf dem vierten Gemüsefeld, auf dem ich die Tiefbeete anlegen möchte, ohne erst Gründünger anzuwenden, den ich eigentlich nicht brauche. Der Boden hat sich erholt und ist schon reichlich gedüngt. Außerdem kann ich es kaum erwarten, das Feld mit den fertigen Beeten zu sehen. Im warmen Licht des Herbstes werden die Erdstreifen ein hübsches Bild bieten. Es würde sich schon lohnen, das Feld einfach nur anzulegen, um seinen Anblick zu genießen. Diesmal hat Guido auch dort umgegraben, wo die Wege zwischen den Beeten geplant sind, und damit sämtliche Unkrautwurzeln beseitigt. Es wird nicht mehr nötig sein, wie noch bei meinem ersten Tiefbeetversuch einen ständigen Kampf mit der Hacke gegen die hartnäckigen Ableger der Saatluzerne und gegen die heimtückischen Quekkenwurzeln zu führen.

Nun wird es Zeit, das Feld zu bepflanzen, was ein bißchen schade ist, weil die Streifen nackter Erde wirklich schön anzusehen sind. Sie erinnern mich an diese Zen-Gärten, die nur aus Sand und ein paar Steinen bestehen und mit den spärlichen Zinken einer Holzharke bearbeitet sind.

In den letzten zehn Tagen war es sehr heiß. Die Oliven sind schon reif, fast einen ganzen Monat zu früh.

Auch das Gras paßt sich diesem vorzeitigen Frühlingswetter an. Heute mußte ich den Rasenmäher herausholen und das Gras schneiden. Ich mußte allerdings bis zum frühen Nachmittag warten, weil die Halme morgens, nach der kalten Nacht, noch viel zu feucht zum Mähen sind.

Ich stehe kurz nach Sonnenuntergang an der Tür meines Arbeitszimmers und betrachte den Hof, die Berge und den Himmel. Ein Bild des Friedens. Wer weiß, wie es anderswo aussieht, wo man bei ohrenbetäubendem Flugzeugdröhnen auf bombardierte Felder schaut und auf die nächsten Explosionen wartet.

Zu den angenehmsten Seiten des Landlebens gehört es, daß man sich nicht in Schale wirft. Man zieht das Erstbeste über, was einem in die Finger kommt. Dabei spielt es keine Rolle, ob es ungebügelt und geflickt ist, Löcher hat oder seine Farben verwaschen sind. Es genügt, daß man sich irgendwas anzieht. Und es steht noch dahin, ob man in Räuberzivil oder in edler Garderobe besser aussieht.

Ich ernte Quitten. Ich habe einen ganzen Korb mit diesen etwas knorrigen, gelben Früchten gefüllt. Auch ein paar Granatäpfel sind dabei, weiß und grün, mit lackroten Flecken, und eine Handvoll goldbrauner Deutscher Mispeln. Sie haben unten eine Vertiefung mit fünf Kelchblättern ringsumher, die aussieht wie das Krönchen eines Elfenkönigs. Ich leere den Korb nicht aus. Sein Anblick ist einfach zu schön.

Ich habe *Der Schweizerische Robinson* wieder zur Hand genommen, von dem Massimo so schwärmt. Es ist ein Buch für Jungen. Alles dreht sich um Erforschung und Jagd. Der Gemüsegarten, um den sich Frau Robinson kümmert, wird nur beiläufig erwähnt. Es ist klar, daß er nicht so wichtig ist und im Grunde nur als Beschäftigung gilt, die sich kaum vom Einkaufen unterscheidet. Pfarrer Wyss erklärte ausdrücklich, daß er mit seinem Buch Jungen habe ansprechen wollen und natürlich keine Mädchen. Die Erziehung von Mädchen lag ihm fern. Die von ihm erzählte Überlebensgeschichte sollte zur Ausbildung eines mannhaften, selbstsicheren und mutigen Charakters beitragen, der ausschließlich auf die eigene Kraft vertraut und dem die Angst vor dem Unbekannten und vor der Einsamkeit fremd und unbegreiflich ist. In gewisser Weise ist dies ein grausames Buch. Jedes Tier, das ins Blickfeld der schweizerischen Abenteurer gerät, wird, egal ob bekannt oder nicht, sofort getötet, um es zu identifizieren, zu essen oder beides. Es ist auch eine kolonialistische Sicht auf den Urzustand, eine Welt, in der nur die weiße, christliche Rasse existiert und sich der Planet – ohne das Hindernis anderer Rassen oder Kulturen – jungfräulich der Eroberung darbietet. Der weiße Mann und die Natur begegnen sich in der Einsamkeit eines Tête-à-tête, sozusagen auf einem unbeschriebenen Blatt, und im Mittelpunkt steht nur ein Thema: das Überleben in einer fremden Umgebung. Seite an Seite finden sich hier in einem unglaublichen Sammelsurium die verschiedensten und nicht immer miteinander vereinbaren Exemplare der außereuropäischen Flora und Fauna. Herr Robinson ist alles andere als unvorbereitet. Er hatte die Schweiz in der Absicht verlassen, in die Neue Welt überzusiedeln. Er hatte Reiseliteratur gelesen, die ihn auf das eingestimmt hatte, was ihm dann widerfuhr. Er kombiniert sein Wissen mit Einfallsreichtum und Beobachtungsgabe, nutzt aber auch alles, was er auf dem Schiffswrack findet – Werkzeug, Saatgut, Geschirr, Kochtöpfe, Hunde, Kühe, Esel, Hühner, Gänse, Stoffe, Medikamente, Schießpulver, Kanonen, Gewehre und sogar ein Rettungsboot –, um ein Haus zu bauen und das Leben so einzurichten, daß es an nichts fehlt, bis er schließlich keinerlei Lust mehr verspürt, in sein Heimatland zurückzukehren. Als sich ihm die Gelegenheit dazu bietet, beschließt er, statt dessen in dem von ihm besiedelten, jungfräulichen Land zu bleiben. Die unbekannte Insel ist demnach so etwas wie eine Schule mit ihm als Lehrer und mit seinen Kindern als Schüler. Ganz anders verhält es sich dagegen in dem Buch, auf dem der Roman von Johann David Wyss basiert, nämlich *Robinson Crusoe*. Dort ist der Schiffbruch ein einsamer. Der gerettete und dann versklavte Wilde wird nicht sofort gefunden, sondern erst viel später, an einem Freitag nach gut und gern fünfundzwanzig Jahren – und mit welcher Freude, sich endlich in Gesellschaft eines menschlichen Wesens zu befinden! Robinson ist auch auf die Situation, in die er gerät, keineswegs vorbereitet. Darum werden die Insel und die Natur zu seinen Lehrmeistern, sie zeigen ihm seine Fehler und auch, wie man sie überwindet. Die Natur, die vielen Schwierigkeiten und die Notwendigkeit, sein Wesen dem Überlebenskampf anzupassen, gestalten sich als eine

Art Lebensschule oder als ein stiller Lehrmeister – hier Vorsehung genannt –, mit dem man sich messen und von dem man lernen kann. So eine einsame Insel war für mich mein Gemüsegarten, ein Ort, an dem ich meine Fähigkeiten erproben konnte. Und hier zeigt sich auch, was Oblomows Glück im Weg stand: das Fehlen einer Dynamik, wie sie der Beziehung zu einem Lehrer innewohnt, der uns auf unserem Weg begleitet und korrigiert. Oblomows Fehler liegt nicht in seinem seligen Blick auf die Natur. Nicht die mystische Beschaulichkeit eines bezaubernden Gartens ist das Problem, sondern der Umstand, daß Oblomow reglos und still in dieser Beschaulichkeit verharrt und ihm dadurch jedes geistige Abenteuer, jede weitere Entwicklung verwehrt ist. Was bleibt, ist ein zärtliches Gefühl für jenen Versager, für jenen Feigling Oblomow, der wenigstens niemandem geschadet hat – außer vielleicht sich selbst. Trotzdem ist soviel vergeudetes Potential erschütternd. Oblomow bleibt jede Bewegung versagt, da ist kein Weg, und da ist keine Suche. In so viel Trägheit erstickt das Leben.

Im Sommer war ich nahe daran, meinen sogenannten *wild patch* aufzugeben, den kleinen Acker direkt vor meiner Küche, in dem ich niemals arbeite, weil ich sehen möchte, was er ohne mich anstellt. Ich spielte mit dem Gedanken, ihn für den Anbau von Petersilie und Basilikum in unmittelbarer Reichweite zu opfern. Doch nun schaue ich auf dieses unbearbeitete Stück Land und merke, daß ich es viel zu sehr liebe, um darauf verzichten zu wollen. Dieses von Mauern umrahmte Gemälde hat etwas Wunderbares. Es reproduziert auf begrenztem Raum ein Stück Natur, ein Stück Feld und Flur, in das der Mensch nicht mehr eingreift. Zu den wichtigsten Vorzügen dieses Gärtchens gehört, daß ich beobachten kann, was es tut, wie es sich entwickelt und was es beschließt, ganz, als wäre es ein Mensch mit eigenem Willen. Es übt eine bewundernswerte Selbstkontrolle aus, als wüßte es genau, was es tut. Nie läßt es das Unkraut so hoch oder so dicht wachsen, daß mein Eingreifen erforderlich wäre. Es sorgt selbst dafür, daß trockene Halme verschwinden und als Nährboden für neues Gras verrotten. Es verwaltet sich selbst, als hätte es eine klare Vorstellung von den Grenzen der Toleranz. Darüber hinaus finde ich es ausgesprochen beruhigend, daß das erste Stück Garten, das ich sehe, wenn ich aus dem Haus komme, mich nicht gleich mit Arbeitsaufgaben bedrängt.

Angelo ist gekommen, um sich meinen Gemüsegarten anzusehen. Wir fragen uns, wie lange dieser sonderbare herbstliche Frühling wohl noch dauern wird. Es ist bereits Ende Oktober, doch die Temperatur ist noch kein einziges Mal unter zehn Grad gesunken. Ich zeige Angelo nicht ohne Stolz meine Tiefbeete. »Du hast dich wacker geschlagen«, sagt er. »Sogar mit dem Mangold. Wie ich sehe, ist er ein Festessen für die Vögel.« »Ich dachte, das seien die Schnecken gewesen«, antworte ich. »Nein. So, wie die Blätter aussehen, haben die Vögel sie angefressen. Ich habe ein Netz gespannt, um diese Feinschmecker vom Mangold fernzuhalten.« »Ich lasse auch die Vögel davon fressen, denn für mich allein ist viel zu viel da«, sage ich. »Die Tiefbeete sind für den Winter wirklich gut«, erklärt Angelo. »Der erhöhte Boden wird dir nicht durchfrieren. Im Sommer ist er nicht so vorteilhaft.« »Oh, ich weiß schon. Doch im Sommer werde ich die Seitenränder etwas erhöhen, damit das Wasser nicht abläuft, wenn ich gieße. Ich habe auch gelesen, daß man keine Kieselsteine aus den Beeten entfernen sollte, weil sie nachts die Wärme abgeben, die sie tagsüber gespeichert haben.« Dann führe ich Angelo zu meinen Kardonen. Ich bin sehr stolz auf sie, denn sie erstrahlen in üppiger Pracht. »Es wird langsam Zeit, sie mit Erde anzuhäufeln«, sagt Angelo. »Ich wollte sie aber eigentlich mit Zeitungspapier umhüllen.« »Und was ist bei Frost? Wenn du sie jetzt mit Erde bedeckst, schützt du sie vor dem Erfrieren.« Er erklärt mir, daß man die Kardonen zum Bleichen durchaus zusammenbinden und in Zeitungspapier wickeln kann. Doch gegen Frost helfe das nicht. Vor einem Jahr hat er mir davon aber nichts gesagt. »Und wenn ich sie zusätzlich zum Zeitungspapier noch mit Stroh umwickle?« »Ja, das könnte gehen. Allerdings mußt du verhindern, daß Wasser hineinläuft, denn es könnte frieren oder die Pflanzen verfaulen lassen.« Nun weiß ich also, wie man mit Kardonen umgehen muß. Dabei war Angelo in der Vergangenheit mit seinen Erklärungen immer recht sparsam. Nie hat er ausführlich erläutert, warum man etwas so und nicht anders tun sollte. Er hat mich selbst darauf kommen lassen. Doch instinktiv war er trotzdem ein guter Lehrer. Er hat mich gezwungen, mir selbst Fragen zu stellen, unabhängig zu denken und aus meinen Erfahrungen zu lernen. Wenn er immer sofort mit der Tür ins Haus gefallen wäre, hätte ich mir vielleicht nichts so gut gemerkt wie auf diese Weise, bei der ich mich anstrengen muß, um zum Ziel zu gelangen. Dazu fällt mir eine Geschichte ein, die mir ein fast hundertjähriger Maler einmal erzählte. Als er Lehrjunge bei einem Schmied gewesen war, bat man ihn eines Tages, eine Münze aufzuheben. Die Münze glühte fast noch, weil sie gerade erst aus dem Feuer gekommen war. So lernte er ein für allemal, in der Werkstatt vorsichtig zu sein, wenn er ein Stück Eisen anfaßte. Das hat sich ihm unauslöschlich eingeprägt. Und ich werde nun nicht mehr vergessen, wie man Kardonen behandelt. Man muß es mir nicht immer wieder erklären.

Ich habe den Holzofen im Arbeitszimmer geheizt. Das Feuer ist jedes Mal wieder wie ein kleines Wunder, es stimmt mich fröhlich. Ich hantiere gern mit dem Holz und freue mich am Knistern der Flammen. Wir haben den vierten November, die Tage sind noch mild, doch abends wird es kühl. Die Sasanqua-Kamelie blüht. Ihre Blütenblätter sind durchscheinend weiß und purpurrot geädert. Auch die Rosen tragen wieder Blüten, und im Gemüsegarten blühen bereits die Erdbeerpflänzchen, die ich erst vor knapp einem Monat in die Erde gesetzt habe. Ich glaube nicht, daß sie auch Früchte tragen werden. Es ist der wärmste Herbst seit dreihundert Jahren.

Heute habe ich meinen ersten Spaghetti-Kürbis zubereitet. Man riet mir, ihn erst zu kochen und dann aufzuschneiden. Doch ich hatte keinen so großen Topf. So habe ich ihn im Ganzen bei höchster Heizstufe im Backofen gegart. Danach halbierte ich ihn und entfernte die Kerne. In jeder Hälfte waren Unmengen gelber Fäden, die wirklich wie Spaghetti aussahen, doch nicht ganz so lang waren. Ich würzte sie mit Öl, Salz, Pfeffer und Parmesankäse. Was für ein Zauberkürbis: Geschirr und Mahlzeit in einem.

Der Boden in meinem Gemüsegarten macht einen guten Eindruck, und das nicht nur auf den letzten beiden Tiefbeeten, sondern auch auf dem ersten, das mich im Sommer, also noch vor wenigen Monaten, keineswegs zufriedengestellt hatte. Mein sorgfältig angelegtes, üppiges Gemüse sieht vielversprechend aus, alles wirkt wie ein fertiges Gemälde. Hier und da mag noch ein Pinselstrich fehlen, doch im großen und ganzen ist das Bild perfekt. Wer war bei alldem nun mein Lehrmeister? Der Garten selbst? Massimo, Angelo, Guido, Graziana? Wohl irgendwie alle. Giancarlo nicht so sehr, oder sagen wir: auf seine ureigene Art. Er hat für Gemüsegärten nichts übrig, ja, verachtet sie geradezu. Er ist wirklich altmodisch mit seiner Vorliebe für chemischen Dünger und mit seinen merkwürdigen Ansichten, die fast schon fixe Ideen sind, wie etwa seine Behauptung, daß Gurken nicht ranken können. Dabei ranken sie durchaus – und nicht zu knapp! Doch selbst von ihm habe ich letztlich etwas gelernt und wenn auch nur durch Opposition. Die eine Quelle des Wissens, die ich mir zu Beginn vorgestellt hatte, hat es nicht gegeben. Auch niemanden, der mich Schritt für Schritt begleitete, mich anleitete und korrigierte wie in der Schule. Um so besser. So habe ich überall etwas gelernt und hatte viele Lehrer, von denen jeder seine eigenen Theorien vertrat. Doch in der Praxis mußte ich mich allein durchschlagen und begreifen, was das beste für mich war. Der wichtigste Lehrmeister aber, der, dem ich keine Antwort schuldig bleiben konnte, der, nach dem sich alles richtete und der am Ende die Zensuren gab, war mein Gemüsegarten.

Durch meine Arbeit im Garten merkte ich auch, was ich wirklich gern esse: Tomaten mehr, als ich für möglich gehalten hätte, Okras weniger. Von den Auberginen hätte ich gern mehr gehabt, auch die Tomatillos waren nicht schlecht. Zucchini und kleine Kürbisse hatte ich zuviel, und die Schlangenkürbisse, die ich nicht rechtzeitig geerntet hatte, so daß sie sich zu großen Exemplaren auswuchsen, erwiesen sich seit Herbstbeginn als großer Segen. Radicchio und Chicorée hielten sich gut, obwohl ich sie im Sommer ein wenig vernachlässigt hatte, als ich mich schwer damit tat, Zucchini und Tomaten herauszureißen. Sie ertrugen Hitze und Trockenheit, ohne viel Gießwasser zu beanspruchen. Jetzt im Herbst sind sie immer noch da, und die kühle Luft scheint ihre saftigen, grünen Blätter verjüngt zu haben. Es ist ein Fest, die ganzen schönen Salate zuzubereiten, mit Chicorée, gelbem Paprika und kleingeschnittener Roter Bete.

Der November ist verregnet. Monsunartige Regengüsse gehen nieder, ab und zu lassen sie nach. Ich gehe in den Garten hinaus und sehe die Pfützen neben meinen Tiefbeeten. Gut so, das schützt mein Gemüse vor Stauwasser. Die Schnecken feiern Feste und leben ihr Dasein als glitschige Kreaturen voll aus. Sie kriechen frech durch die Beete und posieren auf dem Rand der Gießkanne. Die Welt gehört ihnen. Die Schäden im Gemüsegarten halten sich in Grenzen. Die Radicchioblätter sind angefressen, doch es fällt mir nicht schwer, von ihnen abzugeben. Nur wenn die zwei einzigen zarten Blättchen der noch jungen Pflanzen von einer Schnecke niedergemacht werden, verliere ich die Beherrschung, denn dann ist der Schaden irreparabel. Jetzt, in all dieser Fülle, ist genug für alle da. Ich glaube, ich werde es nie übers Herz bringen, Gift einzusetzen, um ein für allemal kurzen Prozeß zu machen. Teils, weil ich Mitleid mit den Schnecken habe, und teils, weil es mir widerstrebt, den Boden zu verseuchen.

Heute habe ich zusammen mit Graziana Zeitungspapier um die Kardonen gewickelt. Ich hätte sie gern zusätzlich mit Stroh umhüllt, um sie besser vor dem Frost zu schützen, doch ich wußte nicht, wie man es richtig befestigt. So habe ich zunächst die Blätter mit einem Gummi zusammengebunden, dann das Zeitungspapier herumgewickelt und es oben und unten nochmals festgebunden. Damit es nicht hineinregnet, habe ich den Kardonen Plastiktütchen aufgesetzt und diese durchlöchert, so daß die Pflanzen atmen können. Auf diese Weise habe ich verhindert, daß meine Tiefbeete zerstört werden.

Es stürmt. Einige der Kapuzen, die ich den Kardonen aufgesetzt hatte, sind weggeflogen. Das stört mich nicht weiter. So kann ich sehen, ob die Pflanzen mit Regenmütze besser gedeihen als die, die keine tragen.

Mitte November. Nun ist der Frost wirklich gekommen. Kein Grund zur Panik. Ich frühstücke immer noch draußen in der Sonne. Doch nachts ist es empfindlich kalt, die Temperaturen liegen kaum über Null, und morgens sind die Felder mit kräftigem Rauhreif überzogen. Ich hole Radicchio aus dem Garten. Er ist sehr widerstandsfähig und hat sich vom Frost noch nicht unterkriegen lassen. Die Schlangenkürbisse dagegen zeigen ein totes Grün, ein Eisgrün, und sind eine leichte Beute für Schnecken mit und ohne Haus. Auch den Basilikum hätte ich besser abernten und trocknen sollen. Er besteht nur noch aus Büscheln, deren Rot mich an das von Frostbeulen erinnert. Etwas ungläubig sehe ich mir das alles an. Ich hatte großartig verkündet, daß ich keine Schutzvorkehrungen treffen wollte, da ich in meiner etwas großmäuligen Art erwartet hatte, daß alles schon irgendwie überleben werde. Nun fülle ich reumütig die Schubkarre mit Stroh und verteile es zwischen den Pflanzen.

Hin und wieder, doch nicht mehr allzu oft, um die Wahrheit zu sagen, denke ich über Fukuoka nach. Seine Lehren wehen über meinen Garten wie eine ferne Inspiration. Nur wenig davon habe ich wortwörtlich in die Tat umgesetzt. Ich baue weder Reis noch Gerste an und habe nie auch nur versucht, mich an die komplizierten und für mich unergründlichen Diagramme aus seinem Buch zu halten. Was bleibt, ist der Einfluß seiner Prinzipien, die sich mit einem Wort zusammenfassen lassen: dem »Nicht-Tun«. Ich kenne mich in chinesischer Philosophie nicht aus. Meine Lektüre in dieser Richtung war dürftig und nur sporadisch. Ich habe einmal das *Tao-Te-King* gelesen, und es kommt mir so vor, als fände sich bei Fukuoka ein Echo davon. Zum Beispiel hinsichtlich des Mißtrauens dem Schönen gegenüber. Auch Fukuoka sagt, daß die erste Differenzierung, der Dualismus, den Menschen immer mehr von der Natur entfernte. Die Aussagen des *Tao* sind, vielleicht wegen ihrer entsetzlichen Wahrheit, irritierend. »Himmel und Erde nehmen keine Rücksicht und behandeln die zehntausend Dinge wie Opfertiere aus Stroh.« (Kap. 5) »Der Weise nimmt keine Rücksicht und behandelt die Menschen wie Opfertiere aus Stroh.« (Kap. 5) Was für eine seltsame Vorstellung von Weisheit. Was mag das wohl bedeuten? Ich ahne es, doch nur verschwommen. Ich bin in einer anderen Kultur geboren, die selbst in der Brutalität noch empfindsamer ist und nachsichtiger gegenüber den Bedürfnissen und den Schwächen der Menschen. Bevor ich etwas davon verstehen kann, muß ich noch lange bei meinem Garten in die Schule gehen. Meine Lehrzeit hat gerade erst begonnen. Das chinesische Volk wird von zu hohen Steuern erdrückt, es hungert, erzählt das *Tao* und fährt fort: »Das Volk schätzt den Tod gering, weil es zu sehr am Leben hängt. Deshalb ist der, der dem Leben keinen Wert beimißt, weiser als der, der am Leben hängt.« (Kap. 75) Weise ist demnach das »Nicht-Tun« und auch die Sorglosigkeit. Doch wenn das Volk dies wüßte, würde es nicht mehr handeln, nichts mehr produzieren und hätte nichts mehr, um die Steuern zu bezahlen. Das *Tao* kommt folglich zu dem Schluß, daß das ideale Glück in einem Land zu finden sei, das ohne Bildung ist (Kap. 80). Durch »Nicht-Tun«, ohne Bildung und durch das Bewußtsein, daß nichts von dem, was der Mensch geschaffen hat, wichtig für das Glück ist. Fukuoka weiß das. Er findet das Glück, indem er der Natur verbunden bleibt. Diese Prinzipien mögen rigoros und extrem anmuten. Gleichwohl habe ich das Gefühl, daß gerade daraus eine Kultur entstehen könnte, die frei vom Mechanismus der Zerstörung ist, der dem Drang nach Fortschritt und Entwicklung innewohnt. Es ist müßig, einzuwenden, daß dies eine Utopie sei. Nichts existiert, ohne von einer Idee, von einer Utopie angeregt worden zu sein. Was ist das Christentum anderes als eine Utopie? Oder das Ideal des unbegrenzten Wachstums, das dazu führt, daß man sogar schon Berggipfel zementiert? Ohne die feine Kraft der Utopie gibt es keinerlei Bewegung. Die Utopie zielt auf den Reinzustand. Es wäre kindisch, ihre konkrete Verwirklichung zu verlangen und in ihr ein Ziel statt eine Triebkraft zu sehen. Schon wenn man das »Nicht-Tun« nicht ganz so radikal anwendete, könnte die Welt wahrscheinlich ein besserer Ort sein. Man müßte sich nur jedesmal, bevor man sich in eine Unternehmung stürzt, fragen: Was wäre, wenn man versuchte, es nicht zu tun? Wenn man versuchte, keine Bomben zu werfen? Wenn man versuchte, keinen Krieg anzufangen? Wenn man versuchte, nicht zu töten, nicht zu stehlen, nicht zu lügen und nicht die Sachen anderer Leute zu begehren? Wieviel Reichtum liegt in diesem »Nicht-Tun«! Wie viele bewahrte Ressourcen, wieviel Lebenschancen für die, die nach uns kommen. Und wieviel »Nicht-Tun« liegt schon in den Zehn Geboten! Um wie vieles weiser wäre jedes Handeln, wenn ihm die Überlegung vorausginge, ob man nicht auch auf es verzichten könne. Mit dieser Überlegung käme das Motiv einer Handlung jeweils in aller Deutlichkeit ans Licht – säen, um zu ernten –, während schädliche oder nicht unbedingt notwendige Aktionen leichter verworfen werden könnten. Es wäre ein »Nicht-Tun« mit dem Ziel, besser und bewußter zu handeln.

Der Kreis hat sich endlich geschlossen. Auf dem dritten Gemüsefeld habe ich zum ersten Mal, seit ich auf dem Land lebe, Saubohnen, Erbsen und Zuckerschoten gesät. Im vergangenen Jahr war mir diese Idee gar nicht gekommen, vielleicht, weil einem bei der Kälte Anfang Dezember alles andere einfällt, als irgend etwas zu säen. Außerdem habe ich Kardonen, Kohl, Mangold, Fenchel, Lauch, Radicchio, Kopfsalat und rote Rüben in Hülle und Fülle. Daher bin ich mehr mit Ernten als mit Säen beschäftigt. Ich bin von Natur aus nicht sehr vorausschauend. Es freut mich also besonders, daß ich an die Erbsen gedacht habe, ohne daß mich jemand daran erinnern mußte. Das bedeutet nämlich nichts anderes, als daß mir der Rhythmus des Gartens allmählich in Fleisch und Blut übergeht. Wie schlecht habe ich mich noch im Februar gefühlt, als Angelo mir seine Reihen mit Bohnen und Erbsen zeigte, während in meinem Garten nur eine entsetzlich gähnende Leere herrschte! Ich staunte damals nicht schlecht, weil er in dieser kalten Jahreszeit bereits Gemüse ernten konnte, noch dazu welches in einem wunderbar zarten Grün. Wenn alles gutgeht, werde ich nach Lauch und Kohl dann mit der Ernte von Saubohnen, Erbsen und Zuckerschoten beginnen können. Ein ununterbrochenes Pflanzenwachstum wird mir zu Gebot stehen, eine Art gärtnerisches Perpetuum mobile. Dieser Gedanke stimmt mich froh und zufrieden.

Ein kalter, sibirischer Ostwind fegt über Europa hinweg und kommt sogar bis zu uns. Sonne und Frost. Gestern habe ich ein paar Kardonen geerntet. Da die Temperaturen weiter sinken, nehme ich nun alle heraus. Gerade noch rechtzeitig, denn das Zeitungspapier erweist sich als schlechter Frostschutz. Die äußeren Blätter der Pflanzen sind bereits erfroren, und einige zeigen ein fauliges Braun.

Ich putze sie und bringe sie in den Keller. Eine Weile werden sie sich halten, doch gewiß nicht bis zum Winterende. Abends sehe ich Angelo. Er hält einen Vortrag über weihnachtliche Pflanzen: Mistel, Wacholder, Fichte, Stechpalme und Weihnachtsstern. Ich erkundige mich, wie es um seine Kardonen steht. Sie sind natürlich gut vor dem Frost geschützt. »Ich habe sie ja auch schon vor zwanzig Tagen mit Erde angehäufelt«, erzählt er mir. »Und ich habe sie zum Bleichen in Zeitungspapier gewickelt. Jetzt mußte ich sie alle herausnehmen.« »Ich habe es dir ja gleich gesagt«, antwortet er lachend, »aber es ist immer das gleiche. Erst aus Schaden wird man klug.« »Ich wollte meine Tiefbeete nicht ruinieren!« »Behalte du ruhig deine Tiefbeete, ich esse solange Kardonen, und zwar bis in den März hinein. Übrigens hättest du sie mit ein wenig Vorsicht auch auf den Tiefbeeten problemlos anhäufeln können. Aber das ist natürlich anstrengend.« »Da werde ich mir die Kardonen nun wohl von dir holen müssen.« »Wann immer du willst«, sagt der »Meister des Gartens« fröhlich zu seinem Lehrling, der es bereut, seinen eigenen Kopf durchgesetzt zu haben.

Ich habe den Spinat pikiert und die herausgenommenen, noch sehr jungen Pflänzchen kurz gekocht und in Butter geschwenkt. Nie zuvor in meinem Leben hatte ich einen so zarten und köstlichen Spinat gegessen. Noch dazu einen, den ich selbst angebaut hatte. Aus unerfindlichen Gründen erfüllte mich dieser Gedanke mit Stolz. Dabei ist der Anbau von Spinat nun wirklich nicht schwerer als der von Kardonen, Zucchini oder Tomaten. Doch entscheidend war wohl etwas anderes. Ich hatte in meinem Garten noch nie etwas Eßbares gefunden, wenn die Temperaturen unter Null sanken, wenn also ein sibirischer Wind erbarmungslos blies, die Opuntien verkümmerten, die Kardonen eingingen und der Fenchel nur deshalb unversehrt blieb, weil ich wenigstens ihn schützend mit Erde angehäufelt hatte. Dem Lauch macht der Frost nichts aus, dasselbe gilt für die Krause Endivie und die Rüben. Und das ist es, was mich so froh macht, denn irgendein Sommergemüse hatte ich schon immer, auch bevor ich bei meinem Nutzgarten in die Lehre gegangen war. Heute dagegen bin ich auch im Winter gut versorgt. Ich verfüge in dieser kalten Jahreszeit über Kohl, Spinat, Rote Bete, Lauch und Kopfsalat. Und noch dazu über meine im Sommer angelegten Konserven: Mixed Pickles, in Essig eingelegte Zwiebeln und Gurken, getrocknete Tomaten und Feigen, dazu Marmeladen und die Kürbisse, die sich allem Anschein nach gut halten. Meine Vorratskammer ist gefüllt.

Übersetzungen der fremdsprachigen Zitate:

S. 6

Seid glücklich, ihr kostbaren Fünf,
So lang ich auf Erden weile
W.H. Auden

Ich lebte ohne Grübelei
Überließ mich sanft dabei
Jeder guten Zuversicht
Und ich wundere mich sacht
Daß der Tod mich nicht beacht'
Denn auch ich beacht' ihn nicht.
Vincent Voiture

S. 9

»...ihre Augen,
Die uralten, funkelnden Augen sind heiter.«
William Butler Yeats

S. 28

»Das sind Knollen. Viele Frühlingsblumen entwickeln sich aus Knollen. Die ganz kleinen sind Schneeglöckchen und Krokusse und die großen sind Narzissen und Osterglocken. Die allergrößten sind Lilien und Schwertlilien. Oh! Die sind wunderschön!«
Frances Hodgson Burnett

Quellen

Masanobu Fukuoka (S. 9)
aus: *Der große Weg hat kein Tor.* Pala Verlag, Darmstadt 1999.

Rudolf Borchardt (S. 10)
aus: »Pisa und seine Landschaft«, in: *Gesammelte Werke in 14 Einzelbänden, Prosa III. Herausgegeben von Marie Luise Borchardt unter Mitarbeit von Ernst Zinn.* Klett-Cotta, Stuttgart 1960.

Gustave Flaubert (S. 35)
aus: *Bouvard und Pécuchet. Übersetzt von Bertha Huber.* Bruns Verlag, Minden 1948.

Mario Howard (S. 68)
aus: *Naturgemäßer Gartenbau.* Desertina Verlag, Chur/Schweiz 1978.

Henry David Thoreau (S. 68/69 und 76)
aus: *Walden oder Leben in den Wäldern. Übersetzt und eingeleitet von Wilhelm Nobbe.* Eugen Diederichs Verlag, Jena 1922.

Pawel Florenski (S. 86)
aus: *Eis und Algen – Briefe aus dem Lager* 1933–1937. *Herausgegeben von Fritz und Sieglinde Mierau. Übersetzt aus dem Russischen von Fritz Mierau.* Pforte Verlag, Dornach/ Schweiz 2001.

Ovid (Publius Ovidus Naso) (S. 150)
aus: *Metamorphosen: Das Buch der Mythen und Verwandlungen. Nach der ersten deutschen Prosaübersetzung von August von Rode neu übersetzt und herausgegeben von Gerhard Fink.* Artemis & Winkler Verlag, Düsseldorf 2001.

Stendhal (S. 162/163)
aus: *Leben des Henry Brulard. Deutsch von Elisabeth Schneider.* Verlag Rütten & Loening, Berlin 1982.

Iwan A. Gontscharow (S. 166ff.)
aus: *Oblomow. Übersetzt aus dem Russischen von Reinhold von Walter.* © 1951 List Verlag in der Ullstein Buchverlage GmbH, Berlin.

Lao Tse (S. 197)
aus: *Tao-Te-King. Neu ins Deutsche übertragen von Hans Knospe und Odette Brändli.* Copyright © der deutschen Übersetzung 1985 by Diogenes Verlag AG, Zürich / Schweiz.

Glossar

Bella di giugno (ital.) – eine Holzbirnensorte.

Braunfäule – auch: Krautfäule; tritt vor allem bei feuchter Witterung auf und verfärbt Blätter und Früchte braun.

Bruschetta – italienische Vorspeise: geröstetes Weißbrot mit Olivenöl, Knoblauch und gehackten, gewürzten Tomaten belegt.

Catalogna (ital.) – Blattzichorie, kann als Salat gegessen werden.

Cladium – Riedgras; Riedgräser sind als »Sauergräser« für die Landwirtschaft minderwertig.

Lucius Columella – im spanischen Cádiz geboren, lebte im 1. Jahrh. n. Chr. Mit seinem Hauptwerk *De re rustica* gilt er als einer der wichtigsten römischen Autoren zum Thema »Weinbau«.

Daikon – ein japanischer weißer Rettich.

Dschainismus – ind. Religion; Hauptbestandteile der Lehre sind der Glaube an Seelenwanderung, sowie die Läuterung durch gute Taten und Askese.

Emmer – auch: Zweikorn; eine Weizensorte.

Frantoiana – toskanische Spezialität: eine Gemüsesuppe u. a. aus Bohnen, Kartoffeln, Sellerie, Fenchel, Möhren, Zucchini, manchmal mit Speck.

Masanobu Fukuoka – geboren 1914 in Südjapan. Seine Bücher *Der große Weg hat kein Tor* und *Rückkehr zur Natur* erreichten unter Gärtnern Kultstatus. Sein Konzept für natürliche Landwirtschaft lautet: »Die Natur ist in der Lage, sich selbst zu erhalten, sie bedarf menschlicher Eingriffe nicht.«

Giorgio Gallesio (1772–1839) – Botaniker. Graf Gallesio gab seine diplomatische Laufbahn auf, um Botanik und Landwirtschaft zu studieren. Er veröffentlichte mehrere naturwissenschaftliche Bücher.

Garigue – niedrigwüchsige, aber artenreiche Formation, die gut Trockenheit verträgt (z. B. Rosmarin, Thymian, Ginster). Garigues können u. a. durch Brandrodung entstehen oder dort, wo der Boden zu flachgründig für eine höhere Bepflanzung ist, vor allem auf Kalkgestein.

Grubber – Gartenwerkzeug zum Lockern und Lüften des Erdreichs.

Hippe – Gärtnermesser. Verwendet werden Gärtnerhippen beispielsweise zum Beschneiden, Einkerben und Absenken von Heckenpflanzen.

Hybriden – neue Pflanzen, die durch Kreuzung zweier Arten bzw. Sorten entstanden sind.

Jonquillen (Pl.) – eine gelbblühende Narzissenart.

Kardonen – auch: Cardy oder Spanische Artischocken.

Lantana (ital.) – Wolliger Schneeball *(Viburnum lantana)*. Ein gegen Trockenheit resistenter Strauch mit dicht behaarten Trieben, der weiß blüht.

Carl von Linné (1707–1778) – schwedischer Naturforscher. In seinem Hauptwerk, dem *Systema naturae* (1735) stellt Linné die drei Naturreiche Steine, Pflanzen und Tiere vor.

Mandala – bedeutet wörtlich »Mittelpunkt mit Umkreis«. Mandalas sind geometrisch aufgebaute Gebilde aus der Verbindung eines Kreises mit einem eingeschriebenen Quadrat und werden in Meditationen visualisiert.

Mani (Manes, Manichäus) (216–276) – Begründer des Manichäismus, einer synkretistischen Weltreligion. Kennzeichen des manichäischen Glaubenssystems ist ein uranfänglicher Dualismus von Gut und Böse. Ziel ist es, durch Askese die Seele vom Kreislauf der Wiedergeburt zu befreien und die Wiedervereinigung mit dem Göttlichen zu ermöglichen.

Mesozoikum – Das Erdzeitalter des Mesozoikum (vom griechischen *mesos* Mitte und *zoon* Lebewesen) begann vor 250 Millionen Jahren und endete vor 65 Millionen Jahren. Es wird in Trias, Jura und Kreide gegliedert.

Opuntien – Feigenkakteen; strauchig oder baumförmig wachsende Kakteen, die bereits von den Azteken angepflanzt wurden.

Orecchiette alla borragine – ein Nudelgericht: Öhrchennudeln mit Borretsch.

Russell Page (1906–1985) – Der Engländer Russell Page ist einer der anerkanntesten zeitgenössischen Landschafts- und Gartenarchitekten.

Pikieren/ Pikierarbeiten – auch: Vereinzeln. Beim Pikieren werden die jungen Sämlinge von dort, wo sie gekeimt haben, in Beete oder Töpfe umgesetzt.

Plinius Secundus (der Ältere) (23–79 n. Chr.) – römischer Gelehrter, der vor allem durch sein naturwissenschaftliches Werk *Naturalis historia* bekannt wurde, welches das naturkundliche Wissen seiner Zeit zusammenfasst.

Portulak – die Wildform stammt aus Asien und aus Griechenland. Die Blätter lassen sich roh als Salat oder gedünstet als Gemüse verwenden.

Quecken – Unkraut: überaus hartnäckige und lästige Gräser.

Quincunx-Ordnung – Quincunx (lat.): fünf Zwölftel. Pflanzschema für Bäume entsprechend der Fünf auf einem Würfel. Dadurch entstehen vier Achsen, wovon jeweils zwei sich orthogonal zueinander verhalten.

Ribollita – eine italienische Bohnen-Kohl-Suppe.

Solanum (lat.) – der Nachtschatten, eine Gattung in der Familie der Nachtschattengewächse, Kräuter- oder Holzgewächse. Bekannte Nutzpflanzen der Gattung sind die Kartoffel, die Aubergine und die Tomate.

Sukkulenten – Pflanzen aus trockenen Gebieten, die Wasser speichern, z. B. Kakteen, Agaven.

Tomatillos – eine mexikanische grüne Tomatensorte.

Trofiette – spätzleförmige Nudeln aus Hartweizengrieß.

vernalisieren – Pflanzenkeimlinge werden einer Kältebehandlung unterzogen, um die Entwicklung zu beschleunigen und die Blütenbildung auszulösen.

»Vita in campagna« – eine monatlich in Italien erscheinende Gartenzeitschrift.

Weidenbohrer – Laubbaumschädling; die fleischrote Raupe frißt ca. 15 mm dicke Gänge in den Stamm, wodurch die Bäume häufig absterben.

Zitella (ital.) – eine Apfelsorte.

Register